DER VERSTAND EINER FÜHRUNGSKRAFT

ENTSCHEIDUNGEN, DIE AUSWIRKUNGEN HABEN UND TRANSFORMIEREN

JAMES LASS

© James Lass

James Lass
Guadalajara, Jalisco, Mexiko
www.vivehoy.com.mx

Widmung

Dir, meine schöne Frau, das Leuchtfeuer, das meinen Weg mit jedem Schritt, den ich mache, erleuchtet. Danke für deine bedingungslose Liebe, deine ständige Unterstützung und dafür, dass du an meine Träume geglaubt hast, noch bevor ich es getan habe.

An Gott und das Universum, dafür, dass er mich leitet, mir Wege öffnet und mich jeden Tag daran erinnert, dass alles möglich ist, wenn man aus dem Herzen und dem Glauben heraus handelt.

An die Familie meiner Frau für ihre herzliche Umarmung und Unterstützung in Schlüsselmomenten. Ihre Zuneigung und ihr Vertrauen waren eine Zuflucht und eine Stärke.

An meine Trainerkollegen, Kollegen in dieser edlen Mission, Leben zu verändern. Gemeinsam bauen wir eine Welt mit mehr Bewusstsein, Empathie und Sinn auf. Danke, dass du mich dazu inspiriert hast, weiter zu wachsen und zu lernen.

Und an alle Menschen, die dort waren, ob groß oder klein, sichtbar oder still: Wisst, dass eure Unterstützung eine grundlegende Säule auf diesem Weg war. Diese Errungenschaft ist auch seine Errungenschaft.
Mit unendlicher Dankbarkeit,

James Lass

PROLOG

Führung ist die Fähigkeit zu motivieren, zu führen und zu verändern und wurde unter verschiedenen Aspekten untersucht: Denken, Methode, Persönlichkeit. Aber was passiert in unseren Herzen, wenn wir Entscheidungen treffen, die Leben, Unternehmen und Gemeinschaften verändern? Was macht uns zu den besten Führungskräften? In The Leader's Brain: Decisions Affecting Change and Change tauchen wir in den spannenden Bereich ein, in dem sich Neurowissenschaften und Führung überschneiden, und beleuchten die wissenschaftlichen Ursprünge unserer Fähigkeit, Einfluss zu nehmen und gute Entscheidungen zu treffen.

Dieses Buch ist keine Reihe von vorgefassten Strategien oder eine Zauberformel für den Erfolg. Es ist eine detaillierte Landkarte davon, wie der Körper, der unsere Entscheidungen trifft, funktioniert, wie er unsere Emotionen beeinflusst und wie wir seine großen Kräfte nutzen können, um bewusste, weise und mitfühlende Führungskräfte zu werden. Hier erfahren Sie, warum bestimmte Entscheidungen für Ihr Team so wichtig sind, wie Sie neuronale Verbindungen herstellen, um Ihre Problemlösungsfähigkeiten zu stärken, und wie Sie Ihren Verstand trainieren, um in einer zunehmend anspruchsvollen Welt klar und artikuliert zu sein.

In meiner Erfahrung als Autor und Experte für Führungskräfteentwicklung habe ich festgestellt, dass große Führungskräfte nicht geboren, sondern durch Denken, Handeln und Wissen geformt werden. Dieses Buch lädt Sie ein, einschränkende Überzeugungen über Führung in Frage zu stellen und in die Werkzeuge einzutauchen, die uns die moderne Wissenschaft an die Hand gibt, um unsere Fähigkeiten zu erweitern.

Machen Sie sich bereit für eine Reise über die Oberfläche hinaus zum Kern dessen, was es bedeutet, eine Führungskraft zu sein. Mastermind wird Ihnen zeigen, dass Sie durch das Verstehen und Trainieren Ihrer Gedanken die Macht haben, Entscheidungen zu treffen, die die Menschen um Sie herum nicht nur beeinflussen, sondern verändern.

Auf diesen Seiten finden Sie eine Sammlung neuer Ideen, praktischer Beispiele und Übungen, die für den Einsatz im Alltag konzipiert sind. Es ist mehr als nur ein Buch, es ist eine Einladung, das unendliche Potenzial in dir zu erforschen und die Führungskraft zu werden, die du sein willst.

Dies ist Ihr Moment. Sind Sie bereit, mit der Kraft Ihres Gehirns zu führen?

James Lass
NeuroLeadership Coach, Organisationsentwicklung, Executive und Business Coach

Prolog 5
Einleitung 11
Führung im Zeitalter der Neurowissenschaften 11
Was ist Neuroleadership? 18
Die Verbindung zwischen Gehirn, Entscheidungsfindung und Führung 22
Warum das Verständnis des Gehirns der Schlüssel zur Führung im 21. Jahrhundert ist 26

Entscheidungen, die einen Unterschied machen 29
Die Macht der Entscheidungen in der Führung. 32
Was macht eine Entscheidung transformativ? 39
Die Auswirkungen von Entscheidungen auf Teams und Organisationen. 46

Wie das Gehirn der Führungskraft funktioniert 54
Anatomie des Gehirns und ihre Implikationen für die Führung. 58
Der präfrontale Kortex: das Zentrum bewusster Entscheidungen. 63
Emotion, Vernunft und der Kampf zwischen dem limbischen System und dem Kortex. 69

Emotionen und ihre Rolle bei der Entscheidungsfindung 73
Die Rolle der emotionalen Intelligenz in der Führung 78
Wie Emotionen unsere Entscheidungen beeinflussen 83
Techniken zur Regulierung von Emotionen unter Druck 87

Neuroplastizität: Wie Sie Ihren Geist transformieren, um besser zu führen 97
Was ist Neuroplastizität und warum ist sie wichtig? 102

Gehirntraining zur Entwicklung neuer Fähigkeiten 107

Das Growth Mindset angewandt auf Führung. 112

Entscheidungsfindung in Unsicherheitsszenarien 118

Wie das Gehirn Risiken und Ambiguität verarbeitet 123

Neurologische Strategien zur Entscheidung in kritischen Situationen 129

Die Bedeutung des Vertrauens in eine infomierte Intuition 135

Einfluss und Verbindung: Führen mit Empathie 140

Wie das Gehirn soziale Verbindungen interpretiert und darauf reagiert 146

Die Neurowissenschaft der Empathie und ihre Auswirkungen auf Teams 152

Schaffung eines psychologisch sicheren Umfelds 157

Stressmanagement und Resilienz von Führungskräften 164

Wie sich Stress auf das Gehirn und die Entscheidungsfindung auswirkt 169

Strategien, um in Schlüsselmomenten ruhig zu bleiben 175

Resilienz als Führungskraft kultivieren 181

Der Einfluss der Unternehmenskultur auf das Gehirn 187

Wie die Umwelt unsere neuronalen Verbindungen beeinflusst 193

Gestaltung von Unternehmenskulturen, die das Wachstum begünstigen 199

Die Neurowissenschaft von Anerkennung und Motivation 205

Innovation und Kreativität in der Führung 210

Seite 8

Die Beziehung zwischen Neurowissenschaften und Kreativität 216

Techniken zur Förderung innovativer Ideen in Teams 220

Wie man aus einschränkenden Denkmustern herauskommt 226

Praktische Werkzeuge für die neurobewusste Führungskraft **232**

Übungen zur Verbesserung der Entscheidungsfindung 238

Techniken zum Training von Empathie und emotionaler Regulation 245

Leitfaden zur Integration von Neuroleadership in den Alltag 250

Die Zukunft der transformationalen Führung **256**

Wie Neuroleadership Erfolg neu definiert 262

Die nächsten Schritte, um zielgerichtet und bewusst zu führen 267

Letzte Inspiration 273

FINALE 278

Über den Autor **285**

Der Verstand einer Führungskraft

Seite 10

EINLEITUNG
FÜHRUNG IM ZEITALTER DER NEUROWISSENSCHAFTEN

Was haben Köpfe und Führung gemeinsam? Auf den ersten Blick mag es nicht viel erscheinen, aber die Wahrheit ist, dass die beiden eng miteinander verbunden sind. Das Gehirn ist das Organ, das es uns ermöglicht, zu denken, zu fühlen, zu kommunizieren und zu handeln, und Führung ist die Fähigkeit, andere zu beeinflussen, zu motivieren und auf ein gemeinsames Ziel hinzuführen. Daher ist es wichtig zu wissen, wie das Gehirn funktioniert und wie es unser Verhalten und das anderer beeinflusst, um unsere Führung und die unserer Organisationen zu verbessern.

Führung ist eine der am meisten geschätzten und gefragtesten Fähigkeiten in der Arbeitswelt. Sie wird jedoch nicht immer angemessen ausgeübt oder an die Bedürfnisse und Erwartungen der Mitarbeiter angepasst. Aus diesem Grund wird die Neurowissenschaft, also die Wissenschaft, die das Gehirn und seine Beziehung zu Verhalten und Kognition untersucht, zunehmend genutzt, um besser zu verstehen, wie die Gehirne von Führungskräften und Mitarbeitern funktionieren, und so ihre Entscheidungs-, Kommunikations-, Kollaborations-, Lern- und Veränderungsprozesse zu optimieren.

Neuroleadership ist eine Disziplin, die aus der Verbindung von Neurowissenschaften und Führung entsteht und die versucht, wissenschaftliche Erkenntnisse über das Gehirn auf organisatorische Praktiken anzuwenden. Laut David Rock und Jeffrey Swartz, zwei der wichtigsten Referenzen in diesem Bereich, basiert Neuroleadership auf den folgenden Prinzipien

#1 **Jedes Gehirn ist einzigartig**
Sie können nicht alle Mitarbeiter gleich behandeln, aber Sie müssen ihre individuellen Unterschiede, Vorlieben, Stärken und verbesserungswürdigen Bereiche berücksichtigen.

#2 **Belohnungssysteme sind der Schlüssel**
Das Gehirn reagiert besser auf positive Reize als auf negative Reize, daher müssen die Anerkennung, das Feedback, die Autonomie und das Zielbewusstsein der Mitarbeiter gestärkt werden.

#3 Es gibt keine Taten ohne Emotionen
Das Gehirn verarbeitet Informationen eher emotional als rational, daher muss auf das emotionale Klima der Organisation geachtet, emotionale Intelligenz und Empathie gefördert und Stress und Angst vermieden werden.

#4 Der Verstand ist darauf programmiert, zu kooperieren
Das Gehirn ist sozial und muss mit anderen interagieren, um komplexe Probleme zu lösen, daher sollten Teamarbeit, Vertrauen, Vielfalt und Inklusion gefördert werden.

Seite 12

#5 Informationen beeinflussen Erwartungen und Verhalten
Das Gehirn passt sich an die Realität an, die es wahrnimmt, daher müssen den Mitarbeitern klare, genaue und relevante Informationen zur Verfügung gestellt und Unklarheiten, Unsicherheiten und Fehlinformationen vermieden werden.

#6 Der emotionale Zustand bedingt Handlungen
Das Gehirn hat eine begrenzte Aufmerksamkeits- und Gedächtnisspanne, daher sollten Lernen, Kreativität und Innovation erleichtert und Überlastung, Ablenkung und Routine vermieden werden.

Neuroleadership hat mehrere Vorteile für Unternehmen, da es dazu beiträgt, den Zusammenhalt, die Motivation, die Zufriedenheit, die Anpassung und das Lernen von Arbeitsteams zu verbessern, was sich in einer höheren Produktivität, Qualität, Wettbewerbsfähigkeit und Rentabilität niederschlägt. Darüber hinaus hilft Neuroleadership den Führungskräften, ihre eigenen Fähigkeiten zu entwickeln, wie z. B. emotionale Intelligenz, leichte Erlernbarkeit, Interesse an den Mitarbeitern, Flexibilität bei der Übernahme verschiedener Führungsstile, eine dialogische Haltung und Verhandlungsgeschick.
Neuroleadership ist eine Disziplin, die sich ständig weiterentwickelt und von den Fortschritten der Neurowissenschaften, ihrer Anwendung auf die Führung und den Anforderungen des Arbeitsumfelds genährt wird. Daher müssen Führungskräfte über die neuesten Forschungsergebnisse und Trends auf dem Laufenden sein und diese auf praktische und personalisierte Weise auf ihre Kontexte und Ziele anwenden. Nur dann werden sie in der Lage sein, das volle Potenzial ihres Gehirns

und des ihrer Mitarbeiter auszuschöpfen und zu Neuroleadern zu werden.

Wenn Führungskräfte einen Unterschied machen

Führungskräfte, die sich durch ihre Fähigkeit auszeichnen, andere zu beeinflussen und auf gemeinsame Ziele zu lenken, sind Individuen, die das Verhalten der Gruppe zur Erreichung ihrer Ziele auf wahrnehmbare Weise vorantreiben und modifizieren und gleichzeitig die Zusammenarbeit und das freiwillige Engagement fördern. Jetzt, da es nicht anders sein kann, müssen sie das emotionale Feld nicht beiseite lassen. Daniel Goleman ist Psychologe und Autor eines seiner bekanntesten Werke, *Leadership: The Power of Emotional Intelligence* (*Leadership. Die Macht der emotionalen Intelligenz*). Darin erwähnt er 6 Stile von Führern, autoritären, *coachenden*, versöhnlichen, demokratischen, vorbildlichen und zwanghaften Stilen (Goleman, 2014).

Ein neues Konzept entsteht: Neuroleadership

In Übereinstimmung mit mehreren Wissenschaftlern wird *Neuroleadership* als ein Werkzeug definiert, das versucht, die Prozesse der Gehirnfunktion auf eine breitere Weise zu verstehen. Auf diese Weise versucht

Seite 14

sie, die Leistung in Organisationen zu optimieren und das Organisationsklima positiv zu beeinflussen. Dabei geht es um die Frage, wie Individuen in einem sozialen und beruflichen Umfeld Entscheidungen treffen und Probleme lösen, sowie um die Regulation von Emotionen und Veränderungsmöglichkeiten.

Ein aktuelles Versprechen?

Dabei darf nicht vergessen werden, dass *Neuroleadership* eine neue konzeptionelle Dimension darstellt. Da es die Entwicklung der Fähigkeiten der Aufmerksamkeit, der Konzentration und der emotionalen Selbstregulierung berücksichtigt, die für die moderne Führungskraft unerlässlich sind. In diesem Sinne versucht er, die neuronalen Grundlagen von Führung und Management zu definieren.

Ebenso untersuchen die Neurowissenschaften die Vorgänge des Gehirns, die das Verhalten erklären, das sich in der Leistung des Individuums, der Motivation, der Entscheidungsfindung, der emotionalen Intelligenz, der Art und Weise, wie man mit anderen in Beziehung tritt, und dem individuellen Lernen widerspiegelt, unter anderem in Verbindung mit der Organisationswelt und der Ausübung von Führung (Garzón et al., 2021).

Neurowissenschaften und Führung

Innerhalb der kognitiven Neurowissenschaften, speziell auf der Grundlage von Führung, wurden soziale Aspekte hervorgehoben. Dazu gehören Entscheidungsfindung, emotionale Regulierung, Einfluss und die Leichtigkeit, Veränderungen herbeizuführen.

Aspekte der Führung

In Bezug auf die Entscheidungsfindung werden in den kognitiven Neurowissenschaften drei Faktoren untersucht: Stress, Fokus und Klarheit.

Zum Beispiel gibt es bildgebende Untersuchungen des Gehirns, die zeigen, dass ein hohes Maß an Stress die Freisetzung von Hormonen verursacht, die als Abwehrmechanismus dagegen wirken. Eine Veränderung, die dazu führt, dass das aktive Gehirn in einen *reflektierenden* Zustand übergeht.

Obwohl diese Veränderung in kritischen Situationen nützlich ist, kann sie in Führungsumgebungen mit hohem Stressniveau ungünstig sein, da sie die kognitiven Fähigkeiten reduziert und im Extremfall das Burnout-Syndrom *konfigurieren kann*. In Übereinstimmung mit dem oben Gesagten zeigen neuere Studien, wie das Stressmanagement einer Person einen signifikanten Einfluss auf die Verbesserung ihrer Leistung haben kann (Caballero & Gutiérrez, 2016).

Weitere soziale Aspekte

Wie oben erwähnt, ist es bei der Auseinandersetzung mit den sozialen Aspekten im Zusammenhang mit der Entscheidungsfindung entscheidend, Stress, Konzentration und Klarheit zu berücksichtigen. Es ist jedoch wichtig, sich vor Augen zu halten, dass es noch andere soziale Aspekte gibt, die in der Neuroleadership-Forschung ebenfalls berücksichtigt werden müssen.

Empathie, Einfluss und Veränderung

Im Falle der emotionalen Regulation bei Führungskräften wurden mehrere Studien durchgeführt, die auf die Relevanz der Regulation für das Denken zurückzuführen sind. Für Goleman (2014) wirkt sich das Bewusstsein für die eigenen Emotionen und die Empathie mit anderen Menschen auf das Beziehungsmanagement aus. Folglich zeigt sich Aktivität in den affektiven Systemen des Gehirns und in den Kontrollsystemen. Daher können einige Strategien zur emotionalen Regulation bessere Ergebnisse erzielen als andere.

Seite 16

Auf der anderen Seite spielt Einfluss eine grundlegende Rolle in der Führung. Dieses Konzept hängt mit dem Prinzip der sozialen Verstärkung zusammen. Einige Autoren betonen, dass monetäre Verstärkungsmechanismen das gleiche Gewicht haben wie die Stimulation durch soziale Verstärkung und sehr angenehm sein können, was sich positiv auf die Leistung der Mitarbeiter auswirkt.

Und schließlich die Leichtigkeit, Veränderungen herbeizuführen, die oft vom Gefühl der Bedrohung beeinflusst werden. Im Laufe der Geschichte haben die Menschen jedoch Mechanismen geschaffen, um Bedrohungen entgegenzuwirken. Auf der Ebene des Gehirns werden Warnsignale an den präfrontalen Kortex gesendet, und durch Gedanken und Verhaltensweisen werden widrige Situationen aufgelöst (Caballero & Gutiérrez, 2016).

Was sind die Vorteile davon?
Zum einen wird eine Effizienzsteigerung bei der Entscheidungsfindung hervorgehoben, die das Risiko reduziert, Personal auszuwählen, das für die Position nicht geeignet ist. Auf der anderen Seite wird die Entwicklung von Führungsqualitäten angeregt und die Kreativität gesteigert.
Darüber hinaus gibt es im Rahmen von *Neuroleadership* weitere Vorteile, da es die intrinsische Motivation der Mitarbeiter fördert. So betont die Theorie der Selbstbestimmung, dass durch die Befriedigung von Bedürfnissen nach Autonomie, Kompetenz und Beziehungen die intrinsische Motivation stimuliert wird. Darüber hinaus erfüllt emotionale Führung durch die Förderung einer harmonischen Beziehung, einer offenen Kommunikation und Unterstützung diese Bedürfnisse

und stimuliert auch das Arbeitsengagement (Wan, et al., 2022).

Heute rückt das Wohlbefinden der Menschen in Organisationen immer mehr in den Fokus. Effektive Führungskräfte beeinflussen also nicht nur die Leistung der Mitarbeiter, sondern schaffen auch gesündere und produktivere Arbeitsumgebungen.
Aber reicht es aus, kognitive und emotionale Fähigkeiten entwickelt zu haben, oder gibt es andere Aspekte, die zu beachten sind? Die Beziehung zwischen Führung und Neurowissenschaften lädt uns ein, hinter die Oberfläche zu blicken und zu hinterfragen, wie wir das Potenzial des menschlichen Gehirns in der Führung voll ausschöpfen können.

WAS IST NEUROLEADERSHIP?

Entdecken Sie die Geheimnisse guter Führung und echter Veränderungen

Haben Sie sich jemals gefragt, was große Führungskräfte von großartigen unterscheidet? Es ist kein Thema, es ist kein Einfluss, es ist kein Ereignis. Es ist etwas Tiefgründiges, das jeder von uns mit sich trägt: das menschliche Gehirn und seine außergewöhnliche Fähigkeit zur Führung und Veränderung.

Willkommen in der Welt der Neuroleadership, einem revolutionären Ansatz, der Neurowissenschaften und Führungsqualitäten kombiniert. Heute lade ich Sie ein, alles zu überprüfen, was Sie über Führung wissen. Wir

Seite 18

werden konventionelle Regeln in Frage stellen und herausfinden, wie Sie Ihr Potenzial als Führungskraft entwickeln können, nicht durch Instinkt, sondern durch das Verständnis, wie Ihr Gehirn und das anderer funktioniert.

Warum ist Neuroleadership die Zukunft der Führung?
Jahrelang wurde uns beigebracht, dass Führung eine Frage des Könnens ist: wie man ein Team motiviert, wie man delegiert, wie man mit Problemen umgeht. Aber hier ist eine kühne Wahrheit: Der Schlüssel zur Führung liegt nicht in der Technologie, sondern in einem tiefen Verständnis dafür, wie der menschliche Geist funktioniert.

Neuroleadership lehrt uns, dass Entscheidungsfindung, Emotionen und Beziehungen nicht mysteriös sind. Es ist ein Gehirnprozess, den Sie lernen können, zu meistern und eine transformative Führungskraft zu werden. Dieses Wissen stärkt Sie nicht nur, sondern macht Sie auch zu einer Person, die Leben inspiriert, führt und verändert.
Gestohlene Führungsmythen Glauben Sie, dass Führung genetisch bedingt ist? Haben nur einige Menschen "Bedürfnisse"?
Lass mich dir etwas sagen: Diese Glaubenssätze sind Ketten, die dein wahres Potenzial einschränken.

Die Neurowissenschaft sagt uns, dass das menschliche Gehirn plastisch ist, was bedeutet, dass es sich verändern, wachsen und verändern kann. Mit anderen Worten, es spielt keine Rolle, woher Sie kommen oder wie Sie angefangen haben: Sie können die Führungskraft werden, von der Sie träumen.

Die unglaublichen Vorteile von Neuroleadership

Treffen Sie schnelle, kluge Entscheidungen Fühlen Sie sich manchmal gelähmt, wenn Sie vor wichtigen Entscheidungen stehen? Neuroleadership gibt Ihnen die Werkzeuge an die Hand, um zu lernen, wie Ihr Gehirn arbeitet, um intelligentere, schnellere und effektivere Entscheidungen zu treffen, selbst wenn Sie unter Stress stehen.

Stärken und vernetzen Sie sich mit Ihrem Team auf die nächste Stufe
Erfahren Sie, wie Spiegelneuronen und Gehirn-Empathie Ihnen helfen können, tiefere, bedeutungsvollere Beziehungen zu Ihrem Team aufzubauen und Vertrauen und Zusammenarbeit wie nie zuvor aufzubauen.

Gehen Sie mit Stress um wie ein Profi

Wussten Sie, dass Sie Ihr Gehirn neu verdrahten können, um mit Stress umzugehen und es in einen Freund statt in einen Feind zu verwandeln? Mit Neuroleadership verwandeln Sie diese schwierigen Momente in Wachstumschancen.

Förderung von Wandel und Wandel

In einer sich ständig verändernden Welt müssen Führungskräfte Akteure des Wandels sein. Neuroleadership lehrt Sie, wie Sie sich anpassen und Ihr Team inmitten der Unsicherheit zum Erfolg führen können.

Warum brauchen Sie Neuroleadership in Ihrem Leben?

Das ist keine weitere Modeidee. Sie ist ein wesentliches Instrument für die Führung im 21. Jahrhundert. Dabei

Seite 20

spielt es keine Rolle, ob Sie ein kleines Team oder ein großes Unternehmen leiten oder einfach nur Ihren Lebensunterhalt verdienen möchten. Neuroleadership ist die Brücke, die Ihr Potenzial mit dem verbindet, was Sie in der Welt haben möchten.

Aber die Sache ist die: Wissen ohne Handeln hat keinen Wert. Heute haben Sie die Möglichkeit, die Art und Weise, wie Sie fahren und Ihr Leben leben, zu verändern.

Jetzt ist es an der Zeit zu handeln:
Jeder Tag ist verloren, wenn Sie weiterhin führen, ohne die Macht Ihres Gehirns zu verstehen. Lass die Gelegenheit, dein Leben und das Leben der Menschen um dich herum zu verändern, nicht "eines Tages" sein.

Machen Sie den ersten Schritt zu einer bewussten, erfüllenden und transformativen Führung. Neuroleadership ist nicht nur ein Werkzeug, es ist eine Veränderung und Sie können ein Teil davon sein.

Sind Sie bereit, alte Überzeugungen loszulassen und mit einem wahren Ziel zu führen? Die Zeit, dein Leben und das Leben anderer zu verändern, beginnt jetzt.

Versuchen Sie zu führen wie nie zuvor und finden Sie die Kraft, die schon immer in Ihnen war!

DIE VERBINDUNG ZWISCHEN GEHIRN, ENTSCHEIDUNGSFINDUNG UND FÜHRUNG

Die verborgene Kraft hinter jeder Entscheidung

Haben Sie sich jemals gefragt, warum manche Führungspersönlichkeiten die spirituelle Macht zu haben scheinen, Entscheidungen zu treffen, die Auswirkungen haben und Veränderungen bewirken? Es ist kein Glück oder Magie. Das ist Neurowissenschaft. Ich verstehe, wie das menschliche Gehirn funktioniert und nutze dieses Wissen, um zielgerichtet, klar und kraftvoll zu führen. Heute lade ich Sie ein, zu erforschen, wie die Beziehung zwischen Ihrem Gehirn und der Entscheidungsfindung der Schlüssel sein kann, um Ihre Führung auf die nächste Stufe zu heben.

Gängige Überzeugungen in Bezug auf Führung in Frage stellen
Seit vielen Jahren glauben wir, dass Führung auf technischen Fähigkeiten oder Leistungen basiert. Es ist jedoch nicht nur die Führung, die die Arbeit steuert, sondern auch das Verständnis des Motors, der alle Entscheidungen antreibt: das Gehirn.

Ihr Gehirn ist das fortschrittlichste Organ in der bekannten Welt, aber die Sache ist die: Die meisten Menschen benutzen es auf Autopilot. Sie handeln,

Seite 22

reagieren aber nicht, treffen schnelle Entscheidungen und lassen ihre Emotionen das Beste aus sich herausholen. Was würden Sie denken, wenn ich Ihnen sagen würde, dass Sie den Autopiloten programmieren können, um eine große Führungskraft zu werden? Was wäre, wenn Sie nicht nur eine Entscheidung treffen, sondern zu sinnvollen Veränderungen anregen würden?

Die Wissenschaft der Herausforderung der Unabhängigkeit
Es gibt zwei Hauptteile des Gehirns, die Führungsentscheidungen beeinflussen:

Limbisches System: Verantwortlich für unsere Gedanken, Gefühle und Bedürfnisse.
Präfrontaler Kortex: Verantwortlich für die Analyse, Verarbeitung und Entscheidungsfindung von Daten.
Erstaunliche Dinge passieren, wenn diese beiden Teile zusammenarbeiten: Entscheidungsfindung und intelligente Unterstützung. Dieses Gleichgewicht wird nicht nur die Art und Weise verändern, wie Sie führen, sondern auch die Art und Weise, wie andere Sie sehen.

Ein Beispiel aus dem wirklichen
Leben Denken Sie an einen Chef, den Sie wirklich bewundern. Warum passiert das? Vielleicht ist es Ihre Fähigkeit, Ihre Gedanken zu ordnen und gleichzeitig kluge Entscheidungen zu treffen. Das ist kein Zufall. Dies ist ein direktes Ergebnis des Verständnisses, wie das Gehirn funktioniert, und seiner Nutzung als mächtiges Werkzeug.

Überraschende Vorteile dieser Methode
Schnelle und effektive Entscheidungsfindung: Wenn Sie

wissen, wann Sie Ihrem Bauchgefühl vertrauen und wann Sie ihm folgen sollten, sparen Sie Zeit und Energie.

Bauen Sie engere Verbindungen zu Ihrem Team auf: Wenn Sie verstehen, was in Meetings passiert, können Sie ein Umfeld des Vertrauens und der Motivation schaffen.

Stressbewältigung: Wenn Sie lernen, Ihr Gehirn zu kontrollieren, können Sie auch in den schwierigsten Zeiten ruhig und klar bleiben. Das
ist nicht nur eine Idee, es ist eine angewandte Wissenschaft. Hier ist der beste Teil: Sie können lernen, wie es geht.

Ihr Herz ist Ihr bester Assistent

Transformationale Führung beginnt bei Ihnen. Aber hier ist die Wahrheit, die viele Menschen vermeiden: Wenn du nicht gelernt hast, dich selbst zu führen, wirst du nicht in der Lage sein, andere zu führen. Das bedeutet, zu verstehen, wie Ihr Gehirn funktioniert, negative Glaubenssätze zu beseitigen und Ihre Entscheidungsfindung zu verbessern.

Die gute Nachricht ist, dass Sie kein Hellseher sein müssen, um es zu verwenden. Mit dem richtigen Wissen und den richtigen Werkzeugen können Sie Hinweise finden, die Ihr Leben verändern werden, angefangen bei sich selbst.

Seite 24

James Lass

WARUM DAS VERSTÄNDNIS DES GEHIRNS DER SCHLÜSSEL ZUR FÜHRUNG IM 21. JAHRHUNDERT IST

Wussten Sie, dass es bei einer erfolgreichen Führungskraft im 21. Jahrhundert nicht nur darum geht, ein Team zu führen oder gute Entscheidungen zu treffen? Dies sind diejenigen, die verstehen, wie das menschliche Gehirn funktioniert, egal ob es Ihres oder das Ihres Teams ist. Das 21. Jahrhundert verändert die Art und Weise, wie wir Führung verstehen, und wenn Sie nicht verstehen, wie das Gehirn funktioniert, werden Sie zurückgelassen. Ich lade Sie ein auf eine Reise in die Zukunft der Führung. Sind Sie bereit herauszufinden, warum das Verständnis Ihres Gehirns eine unglaubliche Kraft ist, die Ihre Führungsqualitäten verändern wird?

Bewertung gängiger Überzeugungen über Führung
Jahrhundertelang wurde Führung falsch definiert: als schnelle Entscheidungsfindung, Geschicklichkeit und Autorität. Diese Kapazität reicht in diesem Jahrhundert jedoch nicht mehr aus. Effektive Führung ist heute mit einem tieferen Verständnis der Funktionsweise des menschlichen Gehirns verbunden. Das Gehirn steuert nicht nur unsere Emotionen, sondern auch unsere Reaktionen auf Probleme, die Entscheidungen, die wir treffen, und die Art und Weise, wie wir mit anderen umgehen.

Das Problem ist, dass die meisten Führungskräfte nicht erkennen, wie sich ihre Entscheidungen auf die Moral ihres Teams auswirken. Schlimmer noch, ihre

Führungsqualitäten ignorieren die Auswirkungen ihrer Emotionen und Gehirnreaktionen.

Das Gehirn: Die geheime Quelle guter Führung
Hier ist die Wahrheit: Das menschliche Gehirn ist der Schlüssel zu allem. Und Führungskräfte, die nicht verstehen, wie sie dieses Wissen nutzen können, schränken ihre Fähigkeit ein, sich zu verändern, zu inspirieren und zu transformieren. Gute Entscheidungen kommen nicht nur aus dem Verstand; Sie entstehen aus einer Kombination aus gut gemanagten Emotionen, richtiger Intuition und einem tiefen Verständnis dafür, wie man in jeder Situation bessere neuronale Netzwerke erstellt.

Das ist es, was den Unterschied zwischen großen Führungskräften ausmacht. Es spielt keine Rolle, wie viele Jahre Erfahrung Sie haben oder wie viele Strategien Sie kennen; Auf diese Weise werden Sie in der Lage sein, Ihre Emotionen, Impulse und die Handlungen Ihres Gehirns und anderer zu verstehen und zu steuern, um Entscheidungen zu treffen, die alles um Sie herum verändern werden.

Überraschende Vorteile eines intelligenteren und schnelleren Verständnisses des Gehirns
: Das Verständnis Ihres Gehirns hilft Ihnen, in einer Situation die richtige Entscheidung zu treffen, ohne von Emotionen und Stress aufgehalten zu werden.
Bessere Verbindungen und Verbindungen: Indem Sie verstehen, wie das Gehirn Ihres Partners funktioniert, können Sie tiefere, klarere Verbindungen schaffen, die mit Ihrer Vision übereinstimmen.
Starke Ausdauer: Ein gut trainiertes Gehirn kann mit Hindernissen, Zweifeln und Rückschlägen umgehen. Im

Der Verstand einer Führungskraft

21. Jahrhundert eine Führungsrolle zu übernehmen bedeutet, an der Macht zu bleiben, wenn die Welt stillsteht.

Bleiben Sie inspiriert: Wenn Sie wissen, wie Sie das richtige Netzwerk in sich selbst und Ihrem Team aufbauen, können Sie motiviert und motiviert bleiben und immer mehr Teams bilden.

Was die Staats- und Regierungschefs des 21. Jahrhunderts wissen... Und Sie können mehr lernen

Große Führungskräfte in jedem Bereich sind schlechte Kommunikatoren. Sie wissen, wie man Menschen dazu bringt, anders zu denken, zu fühlen und sich anders zu verhalten. Aber es ist keine Magie, es ist Wissenschaft. Sie als zukünftige Führungskraft müssen dieses Wissen kennen.

Die Neurowissenschaft hinter Führung ist für jeden zugänglich, aber nur wenige nutzen sie. Möchten Sie ein Teil des Erwerbs dieses Wissens sein, oder werden andere auf dem Weg in eine bessere Zukunft zurückgelassen?

Es ist Zeit zu arbeiten

Heute haben Sie eine besondere Chance: Nutzen Sie Ihre Intelligenz, um eine herausragende Führungskraft zu werden. Das ist der Unterschied zwischen emotionaler Führung und zwischenmenschlicher Kommunikation. Die Staats- und Regierungschefs des 21. Jahrhunderts schreiben die Spielregeln, und jetzt ist es an der Zeit, sich ihnen anzuschließen.

Wenn du immer denkst, dass du mehr Erfahrung oder Fähigkeiten brauchst, hältst du dich selbst zurück. Die eigentliche Frage ist: Sind Sie bereit, die Richtung zu ändern? Der einzige Weg, dies zu erreichen, besteht darin, zu verstehen, wie das Gehirn Ihres Teams und Ihr

Seite 28

Team funktionieren. Und hören Sie nicht nur zu, sondern nutzen Sie es zu Ihrem Vorteil.

Die Tage der traditionellen Führer sind vorbei. Die Ära der Neuroleader hat begonnen.

ENTSCHEIDUNGEN, DIE EINEN UNTERSCHIED MACHEN

Entscheidungsfindung: die Macht der bewussten Wahl

Wir treffen jeden Tag Entscheidungen. Von der Frage, was man zum Frühstück isst, bis hin zur Beantwortung unerwarteter Fragen. Aber es gibt eine Wahrheit, die nur wenige akzeptieren: Nicht alle Entscheidungen sind gleich. Es gibt unbekannte Entscheidungen und lebensverändernde Entscheidungen. Welche Entscheidung treffen Sie heute?

Der Verstand einer Führungskraft

Die Frage ist nicht, ob du eine Entscheidung triffst, sondern ob du die richtige Entscheidung triffst. Sie verändert, kreiert und charakterisiert das Vorher und Nachher. Denn lassen Sie mich Ihnen etwas sagen: Erfolg hat nichts mit Glück zu tun, er ist das direkte Ergebnis der Entscheidungen, die Sie jeden Tag treffen.

Bewertung gängiger Überzeugungen über Entscheidungen
Viele glauben, dass wichtige Entscheidungen nur in schwierigen Situationen getroffen werden. Doch die Situation ist anders: Kleine Entscheidungen haben große Konsequenzen. Das Leben wird nicht durch ein oder zwei Momente definiert, sondern durch Tausende von Mikroaufnahmen pro Tag.

Nehmen Sie eine neue Herausforderung an oder bleiben Sie in Ihrer Komfortzone?
Soll ich bei diesem Treffen sprechen oder schweigen?
Den Fortschritt verzögern oder den ersten Schritt in Richtung echter Veränderung machen?

Viele Menschen verachten ihre Entscheidungsfreiheit, weil sie glauben, dass die Heilige Schrift geschrieben ist. Es ist an der Zeit, diesen Glauben zu bekämpfen! Du hast die Macht zu wählen, und deine Entscheidungen sind die Blaupause für deine Zukunft.

Die Ergebnisse freiwilliger Entscheidungsfindung. Es ist nicht nur eine Idee; Es ist Wissen. Unser Gehirn ist darauf ausgelegt, sich auf der Grundlage der Entscheidungen, die wir treffen, anzupassen und zu verändern. Alle Entscheidungen wirken auf ein Nervensystem, das Kompetenz, Selbstvertrauen und die Fähigkeit, sich Problemen zu stellen, stärkt.

Seite 30

Kluge Entscheidungen:

Unerschütterliches Selbstbewusstsein: Wenn du gute Entscheidungen triffst, wirst du zu jemandem, der weiß, was du willst und wie du es bekommst.

Wachstum: Kluge Entscheidungen, die Sie aus Ihrer Komfortzone herausholen und Sie auf ein neues Erfolgsniveau bringen.

Wahre Beziehungen: Indem du deine Werte wählst, ziehst du Menschen an, die deine Vision und Energie teilen.

Spiel der Entscheidungsfindung

Denk an deinen Lieblingsmenschen. Eine Führungspersönlichkeit, ein Visionär, ein Unternehmer. Glaubst du, dass sie plötzlich dort angekommen sind, wo sie waren? Sie sind NICHT gekommen, weil sie harte, mutige und oft unpopuläre Entscheidungen getroffen haben. Die Entscheidung zwang sie, ihre Komfortzone zu verlassen, aber sie bedeutete ihr Leben.

Und hier ist der interessante Teil: Sie können das Gleiche tun.

Welche Entscheidung wird dein Leben heute verändern?

Die wichtige Frage ist nicht, ob du dein Leben ändern kannst; Die Frage ist: Sind Sie bereit, die Entscheidungen zu treffen, die dies ermöglichen? Vielleicht ist es an der Zeit, in sich selbst zu investieren, Ja zu Möglichkeiten zu sagen, die dir Angst machen, oder Dinge loszulassen, die nicht das Richtige für dich sind.

Denn seien wir ehrlich: Mit jedem Tag, an dem Sie eine Entscheidung hinauszögern, verlieren Sie Zeit und Chancen. Es gibt keinen besseren Zeitpunkt. Jetzt ist es an der Zeit zu handeln.

Es ist Zeit, eine Entscheidung zu treffen
Das ist nicht nur ein Aufruf zum Nachdenken. Das ist eine einfache Frage für Sie. Warte nicht darauf, dass das Leben für dich entscheidet und triff eine Entscheidung. Denn die Entscheidung, die Sie heute treffen, wird die Geschichte von morgen sein.

Wählen Sie die Größe. Wählen Sie die Variablen aus. Entscheiden Sie sich dafür, eine Entscheidung zu treffen, die einen Unterschied macht.

DIE MACHT DER ENTSCHEIDUNGEN IN DER FÜHRUNG.

Die Macht der Entscheidungsfindung und Führung: Die Kunst, jede Entscheidung zu ändern

Es kommt eine Zeit im Leben jeder Führungskraft, in der alles aufhört. Gerade jetzt stehen wir vor Entscheidungen, die nicht nur unseren Weg bestimmen können, sondern auch den Kurs derer, die uns vertrauen. Traurige Wahrheit: Führung wird mit Namen oder Worten verwendet, aber mit der Fähigkeit, Entscheidungen zu treffen, die beeinflussen und verändern.

Seite 32

Entscheidungsfindung von Führungskräften erklärt

Viele Menschen glauben, dass es bei Führung um Gnade, Erfahrung oder Stärke geht. Aber was passiert, wenn die Ergebnisse ausbleiben? Wann entwickelt sich die Gruppe nicht weiter? Das Problem ist nicht die Strategie oder das Talent. Das liegt daran, dass diese Entscheidungen nicht aus Angst oder Zweifel getroffen wurden.

Effektive Führung ist eine Fähigkeit, ihre Basis ist Entschlossenheit. Jede Entscheidung, von der Bewältigung von Konflikten bis hin zum weiteren Vorgehen, sendet die Botschaft: "Glaub mir, ich weiß, wohin wir gehen" mit Weisheit. Sich einzugestehen, dass du nicht alle Antworten hast, und nach einer Beziehung zu suchen, ist eine der mächtigsten Entscheidungen, die du treffen kannst.

Glaube: "Je schneller, desto besser"
Fakt ist: Es geht nicht um Geschwindigkeit, sondern um Genauigkeit. Selbstbewusste Führungskräfte wissen, wann sie schnell handeln und wann sie warten müssen, weil sie wissen, dass Geschwindigkeit die Qualität von Entscheidungen beeinflusst.

Affirmation: "Es ist besser, starke Entscheidungen zu treffen"
Wahrheit: Ja, nicht jede Entscheidung wird allen gefallen. Aber gute Führungskräfte entscheiden sich für Ehrlichkeit und eine langfristige Perspektive, die letztendlich Respekt und Vertrauen schafft.

Die erstaunliche Wirkung entscheidungsfreudiger Führungskräfte
Führungskräfte, die mutige und entscheidende Entscheidungen treffen, machen den Unterschied:

Gruppenwandel in der Gesellschaft: Entscheidungen, die sich an Werten orientieren, die zu Engagement anregen. Die Menschen arbeiten nicht nur für diese Führungskräfte; Sie schließen sich ihnen an.

Innovation : Wenn Teammitglieder sehen, dass Führungskräfte kalkulierte Risiken eingehen, fühlen sie sich befähigt, dasselbe zu tun.
Dauerhaftes Vertrauen aufbauen: Entscheidungen, die Vertrauen zerstören, auch wenn sie schwierig sind, stärken es;

Jede Entscheidung, die Sie als Führungskraft treffen, ist ein Samenkorn, das in den Boden der Zukunft gepflanzt wird. Was kultivierst du heute mit deinen Entscheidungen?

Das Gehirn der Führungskraft: Entscheidungsträger
Die Wissenschaft der Führung hängt eng damit zusammen, wie unser Gehirn Informationen verarbeitet. Neuroleadership lehrt uns, dass die besten Entscheidungen nicht aus dem Instinkt oder äußerem Druck kommen, sondern aus einem Verstand, der darauf trainiert ist, zu beobachten, zu reflektieren und systematisch zu handeln.

Zielgerichtete Entscheidungsfindung aktiviert Teile des Gehirns, die mit Genauigkeit und Selbstvertrauen verbunden sind.
Es misst Risiko und Belohnung, stärkt die Verbindung zwischen Emotion und Logik und schafft ein perfektes Gleichgewicht.
Die Hauptsache ist, deinen Geist zu schulen, über das Sichtbare hinauszuschauen, Schwierigkeiten in Chancen zu verwandeln und vor allem ohne Angst zu handeln.

Seite 34

Es ist an der Zeit, einen Führungswechsel zu beschließen. Es braucht Führungskräfte, die den Mut haben, trotz Unsicherheit Entscheidungen zu treffen. Denn jede schwierige Entscheidung bedeutet einen Schritt in Richtung Veränderung und jede richtige Wahl bedeutet Veränderung.

Die Frage ist: Können Sie gut führen? Die Frage ist: Welche Entscheidung werden Sie treffen, die alles verändern könnte?

Heute ist es an der Zeit zu handeln. Wenn du ohne Grund führst, führst du blind. Aber wenn Sie zielgerichtet führen, hinterlassen Sie einen bleibenden Einfluss.

Entscheiden Sie sich dafür, die Führungskraft zu sein, die Ihr Team, Ihre Organisation und die Welt wollen. Lassen Sie Ihre Entscheidung ein Vermächtnis sein. Denn jede Führungskraft, die es wagt, eine Entscheidung über Ziele und Visionen zu treffen, hat die Fähigkeit, nicht nur heute, sondern auch die Zukunft der Menschen um sie herum zu verändern.

Die Macht der Entscheidungsfindung in der Führung: Kurz gesagt, Führung ist der Akt des Treffens von Entscheidungen. Von der Kindheit bis zum Erwachsenenalter stehen alle Führungskräfte vor einem Fahrplan: Wohin gehen wir und wie gelangen wir dorthin? Das Verständnis der Konsequenzen unserer Entscheidungen verändert nicht nur die Richtung der Organisation, sondern wirkt sich auch auf unsere Führung und unser Leben aus.

Ethische Entscheidungen

Als Führungskraft sendet jede Entscheidung, die Sie treffen, eine Botschaft an Ihr Team. Die Menschen konzentrieren sich auf Ihre Entscheidungen und darauf, wie Sie sie treffen.

Haben Sie Zugriff oder Kontrolle? Kapitel Bist du stark oder nicht? Ist deine Wahl Angst oder Glück? Wenn Sie klare und objektive Entscheidungen treffen, schaffen Sie eine Kultur des Vertrauens und der Loyalität. Aber wenn Sie zögern, vermeiden oder zu schnell handeln, werden die Ergebnisse unsicher und unzuverlässig sein.

Arbeitsgruppen: Entscheidungsfindung und Führung
Die Entscheidungsfindung findet nicht nur im Kopf statt; Es ist eine interessante Balance zwischen Emotion, Gefühl und Erfahrung.

Emotion als Haupttreiber:
Alle Entscheidungen beginnen mit einer emotionalen Reaktion. Dies ist ein Warnzeichen dafür, dass Sie etwas brauchen. Ihr Problem? Lassen Sie diese Emotion nicht Ihre einzige treibende Kraft sein.

Balance von Vernunft und Emotion:
Effektive Führungskräfte wissen, wie man Logik mit Vernunft verbindet. Hier kommt das kognitive Training ins Spiel: Es ist ein gut organisierter Verstand, der das, was er hört, mit dem verbindet, was er weiß, und Daten und Erkenntnisse in die Tat umsetzt.

Wiederholung macht den Meister:
Jeder Gedanke, den du hast, trainiert dein Gehirn, dies zu tun. Wenn Sie die richtigen Entscheidungen treffen, wird Ihre Führung zu einem starken "Muskel".

Seite 36

Die Kosten für die Nichtauswahl:
Oft sind schlechte Entscheidungen, sondern schlechtes Denken der größte Feind der Führung. Nicht wählen heißt wählen:

Ich entscheide mich zu stehen.
Ich lasse andere Verantwortung übernehmen
Senden Sie schädliche Nachrichten an Ihre Gruppe.
In einem sich verändernden Umfeld sind Ausfallzeiten die schnellste und am wenigsten notwendige Option.
Unterschied zwischen ordentlichen und besonderen Entscheidungen
Nicht alle Entscheidungen sind gleich. Viele Menschen lösen Probleme schnell; Überraschungen verändern die Realität.

Gängige Option: Konzentrieren Sie sich auf die wichtigen Dinge und vergessen Sie immer die wichtigen Dinge.
Konkrete Entscheidungen: Berücksichtigen Sie den Zweck, die langfristigen Auswirkungen und das Vermächtnis, das Sie leiten wird.
Führungskräfte, die sich auszeichnen wollen, haben keine Angst vor schwierigen Entscheidungen. Sie wissen, dass sie der wichtigste Ort sind, um zu wachsen, innovativ zu sein und etwas Dauerhaftes zu schaffen.

Wie man Entscheidungen trifft, die profitieren und sich verändern
Definieren Sie Ihren Zweck:
Alle Entscheidungen sollten auf Ihre Bedürfnisse und Ziele abgestimmt sein. Wenn Sie nicht wissen, wofür es steht, sind Ihre Möglichkeiten begrenzt.

Analysieren Sie das Risiko, aber ruhen Sie sich nicht aus:

Der Verstand einer Führungskraft

Analyse ist wichtig, aber lassen Sie nicht zu, dass Perfektion dem Fortschritt im Weg steht. Manchmal ist es die beste Entscheidung, sich mit dem zufrieden zu geben, was man hat.

Zuhören, aber führen:
Es ist wichtig, etwas zurückzugeben, aber letztendlich sind Sie verantwortlich. Der Eigentümer hat das Recht zu wählen, aber nicht das Recht zu entscheiden.

Trainieren Sie Ihr Gehirn, um bessere Entscheidungen zu treffen:
Meditation, kontinuierliches Lernen und Lebenserfahrung entwickeln Ihre Fähigkeit, unter Druck Entscheidungen zu treffen.

Aus Fehlern lernen:
Auch schlechte Entscheidungen können von Vorteil sein, wenn du sie nutzt, um zu wachsen und deinen Weg zu ändern.

Wahl und Veränderung: Der Ruf, eine Führungsrolle zu übernehmen
Führung bedeutet nicht, alle Antworten zu haben. Mit einem Ziel voranzugehen, Vertrauen aufzubauen und Entscheidungen zu treffen, kann zu Veränderungen führen. Bei allen Entscheidungen hast du die Macht, deine Umstände zu ändern, und du hast die Macht, dich selbst zu ändern.

Die Frage ist: Sind Sie bereit, eine Führungskraft zu sein, die große Entscheidungen trifft? Denn Führung wartet nicht auf wichtige Stellen. Es ist Zeit zu handeln, zu wählen, sich zu verändern.

Seite 38

WAS MACHT EINE ENTSCHEIDUNG TRANSFORMATIV?

Was wird sich durch die Entscheidung ändern?

Im Laufe unseres Lebens treffen wir Tausende von Entscheidungen, von der Frage, was wir zum Frühstück essen, bis hin zur Art und Weise, wie wir unsere Arbeit erledigen. Aber haben Sie jemals darüber nachgedacht, was eine Entscheidung ausmacht? Wir sprechen nicht jeden Tag über kleine Entscheidungen, sondern über solche, die das Spiel verändern, Ihren Weg definieren und Ihr Potenzial inspirieren.

Ich lade Sie ein, Ihre Meinung zur Entscheidungsfindung zu erfahren. Sind Sie bereit, die verborgene Kraft hinter transformativen Entscheidungen zu entdecken und wie Sie sie nutzen können, um Ihr Leben noch heute zu verändern?

Historie wichtiger Entscheidungen
Uns wurde beigebracht, dass wir, um wichtige Entscheidungen zu treffen, jedes Detail analysieren, alle möglichen Ergebnisse sehen und auf den "perfekten

Moment" warten müssen. Lassen Sie mich Ihnen sagen: Dieser Moment wird nie kommen.

Bei der Entscheidung, sich zu verändern, geht es nicht darum, alle Antworten zu haben, sondern darum, zu verstehen, wer man ist und wohin man will. Neben dem Perfektionismus ist das Wichtigste, sich dem Fortschritt zu verpflichten.

"Es ist nicht die Entscheidung, ein Problem zu beseitigen, die die Entscheidung zur Veränderung trifft, sondern diejenige, die dich mit deinem tiefsten Ziel verbindet."

Was wird sich durch die Entscheidung ändern?
In wissenschaftlicher Hinsicht werden Veränderungsentscheidungen erkannt, indem die Hauptteile des Gehirns aktiviert werden, die mit der Realität, dem langfristigen Sehen und der inneren Motivation zusammenhängen. Schauen wir uns die wichtigsten Dinge an:

1. Klare Ziele
Die Entscheidung für eine Veränderung beginnt mit einer soliden Grundlage: zu wissen, was Sie wirklich wollen.
Der Frontallappen, der für das Planen und Denken zuständig ist, funktioniert, wenn wir ein klares Ziel sehen. Ohne eine klare Richtung sind unsere Entscheidungen verstreut und wirkungslos.

Verändere dein Leben: Frage dich, ob mich diese Entscheidung dem Leben näher bringt, das ich erschaffen möchte. Wenn die Antwort nicht "Ja" lautet, ist es an der Zeit, es sich noch einmal zu überlegen.

Seite 40

2. Mut zur Veränderung

Veränderung schafft Unsicherheit, und unser Gehirn, insbesondere die Amygdala, kann sie als Bedrohung interpretieren. Das ist der Grund, warum die meisten Menschen in ihrer Komfortzone bleiben, die sie daran hindert, zu wachsen.

Die Entscheidung, dich zu verändern, fordert dich heraus, der Angst mutig zu begegnen. Es ist nicht der Mangel an Angst, der das Ergebnis verändert, sondern deine Fähigkeit, selbstständig zu handeln.
Ändere dein Leben: Freunde nur wenn. Seien Sie sich bewusst, dass dies ein Zeichen dafür ist, dass Sie im Begriff sind, die Grenze zu überschreiten und sie auf die nächste Stufe zu bringen.

3. Beeinflussen Sie sich und andere

Veränderte Entscheidungen werden nicht nur Ihr Leben verändern; Es wird eine sanfte Wirkung auf die Menschen um Sie herum haben. Wenn du Entscheidungen auf der Grundlage deiner Werte triffst, inspirierst du andere, das Gleiche zu tun.

Der Neurowissenschaftler Antonio Damasio entdeckte, dass Emotionen bei der Entscheidungsfindung eine große Rolle spielen. Sie werden nicht nur dazu getrieben, Entscheidungen zu treffen, die auf Ihren positiven Gefühlen basieren, sondern es wird sich auch auf die Menschen um Sie herum auswirken.

Verändere dein Leben: Frage dich, wie sich diese Entscheidung auf die Menschen auswirken wird, die ich liebe und führe.

4. Zustimmung zum Handeln

Eine klare Entscheidung ist ohne Bedeutung. Hier kommt Ihr dopaminerges System ins Spiel: Dopamin, auch bekannt als Stimulansmolekül, wird freigesetzt, wenn Sie etwas Spezifisches für Ihre Ziele tun.

Übung, egal wie klein sie ist, stärkt dein Selbstvertrauen und schafft ein gesundes Progressionsmuster.

Verändere dein Leben: Unterteile deine Entscheidungen in klare Schritte und führe jede Handlung aus. Das wird dir viel geben.

Die aktuelle Uhrzeit ist

Die Änderungsentscheidung wartet nicht auf eine vollständige Bedingung. Es stoppt nicht das "Was sagen sie" und die Angst vor dem Versagen. Seriös, trotzig und ein guter Mensch.

Heute fordere ich Sie heraus, sich diese Frage zu stellen:

Welche Entscheidung werde ich treffen, die mein Leben verändern kann?

Du brauchst keinen Feuerweg; Man muss hart für sich selbst arbeiten. Denn transformative Entscheidungen verändern nicht nur Ihre Zeit: Sie definieren Ihre Zukunft und das Vermächtnis, das Sie hinterlassen.

Großer Fehler: Zu denken, dass alle Entscheidungen gleich sind
Uns wurde gesagt, dass "Entscheidungen zu treffen Teil des Lebens ist". Was sie uns nicht sagen, ist, dass alle Entscheidungen unterschiedlich sind.

Seite 42

Der größte Fehler, den wir machen, ist zu glauben, dass alle Optionen den gleichen Wert haben. Die Entscheidung, was man zu einem Meeting anzieht, ist nichts im Vergleich zu der Entscheidung, ob man einen Job aufgibt, den man nicht mag, in ein anderes Land zieht oder sein Traumunternehmen gründet. Es gibt eine wichtige Sache, wenn man die Entscheidung trifft, etwas zu ändern: Es ist nicht einfach. Sie holen dich aus deiner Komfortzone heraus und deshalb locken sie dich zu Größe.
"Wahre Führung beginnt, wenn man eine mutige Entscheidung trifft, keine gute."

Was bewegt Sie dazu, sich zu entscheiden, Ihr Leben zu ändern?
Um zu verstehen, wie sich eine Entscheidung wirklich ändern kann, müssen wir über das Offensichtliche hinausgehen. Hier betreten wir den faszinierenden Bereich des menschlichen Gehirns und seine Beziehung zu Führung und Entscheidungsfindung.

1. Richten Sie sich an Ihren internen Zielen aus
Die Entscheidung, sich zu verändern, ist praktisch und irrational; Es ist sehr emotional. Die Forschung in den Neurowissenschaften zeigt, dass das Gehirn wichtige Entscheidungen nicht nur auf der Grundlage von Logik (frontaler Kortex), sondern auch von Emotionen (limbisches System) trifft.

Wenn Sie eine Entscheidung über Ihre Ziele treffen, nutzen Sie die Kraft Ihres Gehirns, um Sie auch in schwierigen Zeiten voranzubringen. Eine Kombination von Zielen führt zu effektiven und wirkungsvollen Entscheidungen.

Wie machen Sie das?
Nehmen Sie sich die Zeit, über Ihre Werte, Ihre tiefsten Ziele und das, was Ihnen wichtig ist, nachzudenken. Wenn du eine Entscheidung darüber triffst, wirst du eine unaufhaltsame Kraft spüren.

2. Die Macht des kalkulierten Risikos
Die Entscheidung für einen Wechsel mag riskant sein, aber nicht klar. Tatsächlich hat die neurowissenschaftliche Forschung gezeigt, dass ein moderates Maß an Unsicherheit Bereiche des Gehirns aktiviert, die mit Lernen und Anpassung verbunden sind.

Wahrheit: Die Angst vor dem Scheitern wird immer da sein. Aber auch die Möglichkeit, sich zu verbessern. Die Menschen, die der Welt ihren Stempel aufgedrückt haben, sind nicht diejenigen, die Gefahren meiden, sondern diejenigen, die ihr mit Strategie begegnen.

Was wirst du tun?
Fragen Sie sich, bevor Sie eine große Entscheidung treffen: Was könnte schon schief gehen? Und vor allem: Was ist das Beste, was mir passieren könnte, wenn ich diese Entscheidung treffe?

3. Erzeugen Sie einen positiven Dominoeffekt
Entscheidungen, die nicht nur Ihr Leben betreffen; Sie haben die Macht, das Verhalten der Menschen um dich herum zu verändern. Stellen Sie sich das so vor: Wenn sich eine Führungskraft für die Schaffung eines positiven Arbeitsplatzes einsetzt, verbessert sie die Qualität ihres gesamten Teams. Wenn Sie sich dafür entscheiden, sich um Ihre emotionale Gesundheit zu kümmern, ermutigen Sie andere, dasselbe zu tun.

Seite 44

Die Entscheidungen, die du triffst, haben Konsequenzen. Daher ist jede Entscheidung für einen Wechsel auch eine Entscheidung des Managements.

Praktische Maßnahme: Überlegen Sie, wie sich Ihre Entscheidungen auf andere auswirken. Denke darüber nach, was du bewirken kannst, wenn du dich für Wahrheit, Mut und Vision entscheidest. . Die Neurowissenschaft sagt uns, dass jeder kleine Schritt in Richtung eines Ziels Dopamin freisetzt, die Gehirnchemikalie, die mit Motivation und Freude verbunden ist. Diese Produkte stärken Ihr Selbstvertrauen und sorgen dafür, dass Sie sich besser fühlen.

Der Schlüssel zum Erfolg:

Unterteilen Sie Ihre Entscheidungen in konkrete Schritte.
Genieße jede noch so kleine Errungenschaft.
Shikama. Veränderungen passieren nicht über Nacht, aber jeder Tag zählt.
Positionsgenauigkeit: Welche Entscheidungen schieben Sie auf?
Denken Sie darüber nach: Jede Entscheidung, die Sie treffen, baut Ihre Zukunft auf, egal ob es sich um den Weg zu Ihren Zielen und Ihrem Erfolg oder um Ihre Beziehung handelt.

Heute lade ich euch ein, einen genaueren Blick auf die Entscheidungen zu werfen, die ihr getroffen habt. Du weißt, wer er ist. Was du in dir fühlst, kann dein Leben verändern, aber es macht dir Angst, weil du weißt, dass es wichtig ist.

Worauf wartest du? Mehr Leute? Der eigentliche Schlüssel hier ist: Sie selbst.

Speichern Sie nicht erneut. Morgen ist nicht die Zeit, um die Entscheidung zu treffen, die du verlassen hast, sondern jetzt. Denn am Ende bemisst sich das Leben nicht an den Chancen, die uns gegeben werden, sondern an den Entscheidungen, die wir treffen, um sie zu erreichen.

Sie haben die Wahl. Habe den Mut zur Veränderung. Denn die wahre Macht eines Führers, eines Visionärs und Einflusses liegt nicht in dem, was er weiß, sondern in den Entscheidungen, die er treffen will.

DIE AUSWIRKUNGEN VON ENTSCHEIDUNGEN AUF TEAMS UND ORGANISATIONEN.

Die Auswirkungen von Entscheidungen auf Teams und Organisationen

In der Welt der Führung gibt es eine Tatsache, die Sie nicht vergessen dürfen: Die Entscheidungen, die Sie treffen, beeinflussen nicht nur die Richtung Ihrer Reise, sie verändern auch das Leben aller um Sie herum. Aber inwiefern verstehen wir die Auswirkungen unserer Entscheidungen auf unsere Teams und unsere Organisationen?

Heute ist der Tag, an dem Sie sich von Ihren kleinen Glaubenssätzen lösen, über das Offensichtliche hinausblicken und sehen, wie dies Ihr Vermächtnis als Führungskraft ausmachen oder zerstören kann.

Großes Kartell: Entscheidungen sind nur eine Frage der Logik
Wie oft haben Sie schon gehört, dass Entscheidungen "durchdacht" sein sollten? Die Realität ist, dass die Entscheidungen, die Teams und Organisationen treffen, sowohl emotional als auch strategisch sind. Die Neurowissenschaften bestätigen dies: Unser Gehirn trennt Emotionen nicht wirklich von Logik, wenn es Entscheidungen trifft.

Das ist keine Schwäche; Das ist stark. Wenn du die emotionalen Auswirkungen der Entscheidungen, die du triffst, verstehst, veränderst du nicht nur die Zahlen, sondern auch die Menschen. Und in der Führung ist Talent der Schlüssel.

Domino-Reaktionen: Wie eine Entscheidung alles verändert
Jede Entscheidung in einer Organisation hat einen Welleneffekt. Erwägen:

Führungskräfte, die sich dafür entscheiden, in die emotionale Gesundheit ihrer Teams zu investieren, erleben eine höhere Produktivität und Loyalität.

Der Verstand einer Führungskraft

Eine schlechte Entscheidung, wie z. B. das Ignorieren der Bedenken eines Mitarbeiters, kann innerhalb weniger Wochen Vertrauen und Moral zerstören.
Das ist die eigentliche Herausforderung: zu wissen, dass Wahlen ein guter Anfang oder der erste Schritt ins Chaos sein können.

Was macht eine Entscheidung effektiv?
Nicht alle Entscheidungen sind gleich. Um Entscheidungen zu treffen, die Gruppen und Organisationen verändern, müssen drei Kriterien erfüllt sein:

1. Das Programm verstehen
Fundierte Entscheidungen beantworten eine grundlegende Frage: Warum tun wir das?

Effektive Führungskräfte treffen keine Entscheidungen, um Entscheidungen zu treffen. Jede Entscheidung, die sie treffen, ist auf eine klare Vision und Ziele ausgerichtet. Untersuchungen in der Managementpsychologie zeigen, dass Teams, die das "Warum" hinter Entscheidungen verstehen, ein um 20 % höheres Engagement verzeichnen.

2. Vorteile positiver Emotionen
Das menschliche Gehirn ist darauf ausgelegt, auf Emotionen zu reagieren. Wenn Ihre Entscheidungen inspirierend, motivierend und lohnend sind, werden die Mitarbeiter nicht nur ihre Arbeit machen, sondern auch härter arbeiten.
Es geht nicht darum, schwierige Entscheidungen zu vermeiden. Das bedeutet, mit Mitgefühl mit ihnen zu sprechen und ihnen zu zeigen, dass jede Entscheidung, egal wie schwierig sie ist, einen größeren Zweck hat.

Seite 48

3. Kontinuierliches Handeln
Dabei handelt es sich nicht nur um eine Entscheidung, sondern auch um eine Umsetzung. Entscheidungen, die eine echte Wirkung haben, müssen in konkrete und messbare Maßnahmen umgesetzt werden. Eine Studie der Harvard Business Review zeigt, dass 70% der gescheiterten Entscheidungen nicht darauf zurückzuführen sind, dass die Entscheidung schlecht getroffen wurde, sondern darauf, dass sie schlecht umgesetzt wurde.

Die Entscheidung, ein Leistungsteam zu bilden
Möchten Sie ein Team aufbauen, das Ihren Befehlen folgt, aber Ihre Vision teilt? Hier sind drei wichtige Entscheidungen für den Wechsel Ihrer Ausrüstung:

1. Engagement für die Talententwicklung
Die Entscheidung, in Schulungen zu investieren und Ihr Team zu vergrößern, ist eine sichere Entscheidung. Wenn die Mitarbeiter verstehen, dass ihre persönliche Entwicklung wichtig ist, werden ihre Leistung und Produktivität steigen.

2. Schaffen Sie eine Kultur des Vertrauens
Durch die Entscheidung, Handlungen und Entscheidungen klar zu machen, entsteht Vertrauen. Vertrauen ist die Grundlage eines jeden erfolgreichen Teams.

3. Verbessern Sie die allgemeine Gesundheit
Entscheidungen zum Schutz der körperlichen und geistigen Gesundheit Ihres Teams können nicht nur Stress abbauen, sondern auch Kreativität und Energie steigern.

Entscheidungen, die Organisationen verändern

Schauen wir uns nun die Makroebene an: Welche Art von Entscheidungen betreffen die Organisation als Ganzes?

1. Mutige Innovation
Erfolgreiche Unternehmen scheuen sich nicht, riskante, kreative Entscheidungen zu treffen. Wenn du in deiner Komfortzone bleibst, wirst du zurückgelassen.

2. Strategie Strategie
Die Welt verändert sich rasant und erfolgreiche Unternehmen sind diejenigen, die sich schnell anpassen. Es muss nicht plötzlich sein, aber es erfordert eine schnelle Bearbeitung.

3. Persönliche Führung
Die erfolgreichsten Unternehmen sind nicht nur profitabel; Sie suchen nach Einfluss. Ein Bekenntnis zu Führung und Sinn motiviert Mitarbeiter und Kunden.
Die Entscheidungen, die Sie als Führungskraft treffen, sind nicht nur binäre Entscheidungen. Es ist ein transformativer Prozess, der die Kraft hat, Kultur zu schaffen, Teams zu motivieren und die Weichen für die gesamte Organisation zu stellen. Aber das wahre Ausmaß dieser Macht ist unbekannt. Jetzt ist es an der Zeit, das zu ändern.

Stellen Sie sich ein Team vor, in dem jedes Mitglied das Gefühl hat, dass sein Beitrag wichtig ist, Vertrauen fließt wie ein Fluss und sich in allen Aktivitäten zeigt. Stellen Sie sich nun das Gegenteil vor. Teams, gelähmt von Orientierungslosigkeit, erschöpft von Unsicherheit, enttäuscht von unmotivierten Führungskräften. Was ist der Unterschied zwischen den beiden? Es ist Ihre Entscheidung.

Seite 50

Die absolute Macht der Entscheidungen

Jede Entscheidung, egal wie klein, erzeugt einen Welleneffekt. Von alltäglichen Gesprächen in Meetings bis hin zu hochrangigen Geschäftsstrategien hat alles Konsequenzen. Aber das ist ein Geheimnis. Die richtigen Entscheidungen sind nicht die einzigen Dinge, die wirklich einen Unterschied machen. Sie sind mutige Menschen.

Die Wissenschaft lehrt, dass das menschliche Gehirn eine komplexe Maschine ist, die darauf ausgelegt ist, Schäden zu verhindern. Die Amygdala warnt uns vor Gefahren und der frontale Kortex hilft uns beim Denken. Aber Führung umfasst viel mehr als den Entscheidungsprozess. Es bedeutet, Logik und Emotion mit Führung und Design zu verbinden.

Die Rolle von Entscheidungen in erfolgreichen Teams

1. Entscheidungen, die das Vertrauen stärken

Vertrauen ist der Klebstoff, der Teams zusammenhält. Wenn du dich entscheidest, transparent zu sein, Liebe zu zeigen und deine Versprechen zu halten, sind die Ergebnisse erstaunlich. Eine Studie des Great Place to Work Institute ergab, dass hoch engagierte Teams 50 % produktiver sind und 76 % niedrigere Fluktuationsraten aufweisen.

2. Entscheidungen, die die Zusammenarbeit fördern

Teams, die glauben, dass ihre Führungskräfte Meinungsvielfalt schätzen, sind kreativer und widerstandsfähiger. Die Entscheidung, alle an einen Tisch einzuladen, genau zuzuhören und danach zu handeln, fördert nicht nur die Kreativität, sondern auch das Zugehörigkeitsgefühl.

3. Entscheiden Sie sich für die Ausübung der Menschenrechte

Unterschätzen Sie niemals die Macht eines freundlichen Wortes oder einer öffentlichen Anerkennung. Die Entscheidung, Menschen für das zu schätzen, was sie sind, und nicht nur für das, was sie tun, schafft ein respektvolles und motivierendes Arbeitsumfeld.

Organisationen entsprechend ihrem Zweck verändern

Organisationen sind keine abstrakten Entitäten. Ein lebendiges Ökosystem entsteht durch alltägliche Entscheidungen. Wie bei jedem anderen Ökosystem hängt seine Gesundheit von den Handlungen der Menschen ab, die es führen.

1. Entscheiden Sie mit einem Ziel, nicht nur für den Profit.

Erfolgreiche Unternehmen im 21. Jahrhundert sind diejenigen, die verstehen, dass finanzieller Erfolg ein Ergebnis und kein Ziel ist. Wenn Sie sich dafür entscheiden, zu führen und kreativ zu sein, inspirieren Sie Ihre Mitarbeiter, Kunden und die Gemeinschaft insgesamt.

2. Trotz Risiken innovativ sein

In einer sich ständig verändernden Welt ist Anpassungsfähigkeit ein riskantes Gut. Mutige Entscheidungen, die sich über Konventionen hinwegsetzen, sind das, was Sie organisiert und wettbewerbsfähig hält.

3. Entscheiden Sie sich für eine schnelle Anpassung.

Agilität im Management ist kein Einzelfall, sie ist notwendig. Die Entscheidung, die Strategie anzupassen, neue Technologien einzuführen oder Teams neu zu

Seite 52

organisieren, ist das, was erfolgreiche Unternehmen von denen unterscheidet, die überleben.

Die Wissenschaft hinter den neuen Entscheidungen
Wussten Sie, dass Sie jedes Mal, wenn Sie eine Entscheidung treffen, Ihr Gehirn neu verdrahten? Dies ist auf die Neuroplastizität zurückzuführen, die Fähigkeit des Gehirns, synaptische Verbindungen als Reaktion auf Erfahrungen herzustellen und anzupassen.

Ihr Gehirn ist darauf trainiert, eine effektivere Führungskraft zu sein, da Sie Entscheidungen auf der Grundlage von Mitgefühl, Logik und Vernunft treffen. Und hier ist der beste Teil. Du beeinflussst auch die Gehirne der Menschen um dich herum. Eine Studie, die in Frontiers in Human Neuroscience veröffentlicht wurde, ergab, dass Führungskräfte, die klare und positive Entscheidungen treffen, neuronale Schaltkreise in ihrem Team aktivieren und so Zusammenhalt und Vertrauen schaffen.

Zeit, eine Entscheidung zu treffen: Veränderung beginnt bei Ihnen.
Unwissenheit ist der größte Feind effektiver Führung. Jeden Tag, an dem Sie eine Entscheidung aufschieben, jeden Tag, an dem Sie an Ihrer Führungsfähigkeit zweifeln, verpassen Sie eine Gelegenheit, Ihr Team und Ihre Organisation zu verändern.

Der Wirkung Ihrer Entscheidungen sind keine Grenzen gesetzt. Dies kann das volle Potenzial der Anlage ausschöpfen oder sie bis zur Ineffizienz reduzieren. Aber das ist die Wahrheit. Sie haben das Recht zu wählen.

Lehnen Sie sich zurück und gehen weg, aus Angst, einen Fehler zu machen? Werden Sie das Amt übernehmen, Verantwortung übernehmen und mit Zuversicht führen?

WIE DAS GEHIRN DER FÜHRUNGSKRAFT FUNKTIONIERT

Wenn wir von Führung sprechen, denken wir oft an Intelligenz, Charisma oder Einflussfähigkeit. Aber was wäre, wenn ich Ihnen sagen würde, dass die wahre Macht hinter einer Führungskraft nicht ihr Charakter oder ihre Erfahrung ist, sondern etwas Tieferes? Das Gehirn.

Führung beginnt nicht in einem Chatroom und ist auch nicht mit dem Namen einer Führungskraft verbunden. Das fängt bei den neuronalen Verbindungen im Gehirn an. Dieser wundervolle Körper, der mehr als ein Kilo wiegt, ist verantwortlich für jede Entscheidung, jeden Gedanken und jede Wirkung, die Sie auf Ihr Team und auf Ihr Team haben. Können Sie sich vorstellen, was Sie erreichen könnten, wenn Sie wüssten, wie Sie Ihre Arbeit verbessern können?

Seite 54

Machen Sie sich bereit, die Geheimnisse der geführten Gedanken zu entdecken und wie Sie sie nutzen können, um nicht nur Ihr Leben, sondern das Leben aller zu verändern.

Reiner Glaube: Führung ist nicht Intelligenz, sondern Neurowissenschaft

Vergessen Sie die Geschichten, dass Führungskräfte mit einer "besonderen Gabe" geboren werden. Führung ist keine Grundfertigkeit, sondern eine Grundfertigkeit. Wie? Nutzen Sie die Neuroplastizität, die Fähigkeit des Gehirns, sich anzupassen und neue synaptische Verbindungen als Reaktion auf Erfahrungen, Lernen und Herausforderungen zu schaffen.

Jedes Mal, wenn Sie beispielsweise Konflikte bewältigen, gute Entscheidungen treffen oder Ihr Team motivieren, trainieren Sie Ihr Gehirn neu, um effizienter zu sein.

Und hier ist eine Tatsache, die sich über alles hinwegsetzt, was Sie zu wissen glauben: Das Gehirn einer Führungskraft funktioniert nicht so wie das durchschnittliche Gehirn. Führung erfordert eine einzigartige Kombination von Fähigkeiten, die Folgendes erfordert:

Schnelle und effektive Entscheidungsfindung.
Empathie verbindet sich mit anderen, langfristige Vision von Hoffnung und Problemlösung.

Führungsforschung: Ihr Gehirn in Aktion

1. Amygdala: Hüterin der Sicherheit

Die Amygdala ist der Teil des Gehirns, der für unsere Emotionen, insbesondere Angst, verantwortlich ist. Als Führungskraft ist es wichtig zu lernen, wie man diese "Alarmzentrale" kontrolliert. Wenn du deine Angst unter Kontrolle hast, wirst du in der Lage sein, fundierte Entscheidungen zu treffen und auch inmitten des Chaos klar zu handeln.

2. Präfrontaler Kortex: das Zentrum guter Entscheidungsfindung
Das Hirnareal ist das Zentrum des Denkens, Planens und Entscheidens. Je mehr Sie Ihren präfrontalen Kortex mit Herausforderungen, Lernen und Denken entwickeln, desto besser wird er funktionieren. So entstehen tolle Ideen und Konzepte.

3. Belohnungssystem: intrinsische Motivation
Haben Sie sich jemals deprimiert gefühlt, nachdem Sie ein Ziel erreicht haben? Dies liegt daran, dass das Belohnungssystem des Gehirns Dopamin freisetzt, einen motivierenden Motivator. Erfolgreiche Führungskräfte wissen, wie sie dieses System nicht nur bei sich selbst, sondern auch in ihren Organisationen aktivieren können.
. Große Entscheidungen
Organisationsverändernde Entscheidungen werden nicht aus Bequemlichkeit, sondern aus Mut getroffen. Effektive Führungskräfte trainieren ihr Gehirn, um Unsicherheiten zu vermeiden und Entscheidungen zu treffen. Wie kann man das erreichen? Setze dich immer wieder neuen Situationen aus und lerne daraus, auch wenn du scheiterst.

Absichtliche Liebe
Die Neurowissenschaft zeigt, dass Mitgefühl nicht nur ein Gefühl ist; Es ist auch giftig. Es aktiviert die

Seite 56

"Spiegelnerven" Ihres Gehirns, damit Sie sich mit den Gedanken und Gefühlen Ihres Teams verbinden können. Das schafft nicht nur Vertrauen, sondern fördert auch Zusammenarbeit und Innovation.

Strategisches Denken
Der Verstand einer Führungskraft ist wie ein Radar: Er ist immer auf der Suche nach Mustern, antizipiert Herausforderungen und bietet Lösungen an. Dies sollte Ihren Geist lehren, über das unmittelbare Problem hinauszublicken und sich auf das große Ganze zu konzentrieren.

Veränderung beginnt in Ihrem Gehirn
Hier ist eine große Offenbarung: Sie müssen nicht warten, um die Führungskraft zu werden, von der Sie immer geträumt haben. Dein Gehirn hat bereits alles, was es dafür braucht. Alles, was Sie brauchen, ist zu lernen, wie Sie ihre Ideen nutzen können.

Einige Aktivitäten, mit denen Sie heute beginnen können:
Meditation: Meditation aktiviert zuerst den Körper und reduziert die Aktivität der Amygdala, so dass Sie positiv und klar sein können.
Kontinuierliches Lernen: Jede neue Erfahrung schafft neue Verbindungen und verbessert Ihre Fähigkeit, komplexe Probleme zu lösen.
Bedanken Sie sich: Diese einfache Handlung setzt Dopamin frei und stärkt Beziehungen, was für eine gute Führung unerlässlich ist.

Dein Gehirn, deine Power
Ihr Gehirn ist das mächtigste Werkzeug, das Sie als Führungskraft haben. Sie kann inspirieren, verändern und

Menschen zum Besten führen. Aber hier ist der Schlüssel: Sie müssen sich entscheiden, es zu öffnen.

Heute haben Sie die Möglichkeit, eine Führungskraft zu werden, die nicht nur führt, sondern Leben verändert. Ihr Gehirn ist bereit für die Herausforderung. Und du?

Warten Sie nicht länger. Beginnen Sie, Ihren Geist zu trainieren, fordern Sie Ihre Grenzen heraus und nutzen Sie Ihr größtes Kapital: das Gehirn einer Führungskraft.

ANATOMIE DES GEHIRNS UND IHRE IMPLIKATIONEN FÜR DIE FÜHRUNG.

Führung ist keine erworbene Fähigkeit oder Qualität, die einige wenige Privilegierte besitzen. Diese Fähigkeit hängt eng mit der Struktur und Funktion unseres Gehirns zusammen. Von der Art und Weise, wie wir Informationen verarbeiten, bis hin zu unserer Reaktion auf Stress – die Anatomie des Gehirns ist der Schlüssel zu den grundlegenden Entscheidungen und Momenten der Inspiration, die einige der ursprünglichen Wertveränderer der Geschichte definieren.

Heute werden wir untersuchen, wie die großartige biologische Maschine, das Gehirn, den Stil, die Leistung und die Vision einer Führungskraft definiert. Aber seien Sie vorsichtig: Was Sie gleich entdecken werden, wird die Art und Weise, wie Sie über Führung denken, für immer verändern... und sich selbst.

Neurorevolution in der Führung
Seit Jahren betrachten wir Führung als einen Wert, eine Idee oder eine Erfahrung. Aber die Neurowissenschaft zeigt etwas Tieferes und Mächtigeres: Das Herzstück der Führung ist ein unverwechselbarer Tanz verschiedener Nervensysteme.

Theoretisches Wissen reicht nicht aus, um Veränderungen anzuführen; Sie müssen verstehen, wie Ihr Gehirn funktioniert und wie Sie es ihm beibringen können, um Ihre Fähigkeit zu verbessern, zu motivieren, Entscheidungen zu treffen und Kontakte zu knüpfen.

Grundlagen der Führung im Gehirn
Das menschliche Gehirn verfügt über mehr als 86 Milliarden Neuronen, die in bestimmte Regionen unterteilt sind, die eine wichtige Rolle bei der Führung spielen. So wirken sich diese Bereiche auf Ihre Führungsqualitäten aus:

1. Präfrontaler Kortex: Experte
Der präfrontale Kortex ist das Kontrollzentrum des Gehirns. Hier finden Entscheidungsfindung, Planung und Gedankenmanagement statt. Führungskräfte mit einem funktionalen Verstand und einem ausgeglichenen präfrontalen Kortex können:

Lösen Sie schwierige Probleme klar.

Berücksichtigen Sie die Langfristigkeit, wenn Sie aktuelle Prioritäten verwalten.
Bleiben Sie ruhig und flößen Sie dem Team Vertrauen ein.
Chronischer Stress kann sich jedoch auf Ihre Arbeit auswirken. Das bedeutet, dass das Erlernen des Stressmanagements kein Luxus ist, sondern ein wichtiger Teil des Denkens.

2. Das limbische System: der Motor der Depression
Zum limbischen System gehören Strukturen wie die Amygdala und der Hippocampus, die für unsere Gedanken und Erinnerungen verantwortlich sind. In Bezug auf die Führung definiert dieses System Ihre Fähigkeit:

Lesen Sie die Gedanken Ihres Teams und reagieren Sie verständnisvoll.
Es schafft Vertrauen und inspiriert andere.
Kontrolliere deine Gedanken und verfange dich nicht in negativen Gedanken.
Eine ausgeglichene Limbik ermöglicht es dir, dich von Verständnis und Verbundenheit leiten zu lassen, ohne in kritische oder angstbasierte Entscheidungen zu verfallen.

3. Spiegelneuronen: Forschungslinks
Haben Sie jemals gesehen, wie sich die Leidenschaft einer Führungskraft auf sein Team überträgt? Zu verdanken ist dies Spiegelneuronen, die für die Wahrnehmung und Handlung zuständig sind. Diese Neuronen bieten:

Ihre Gedanken und Verhaltensweisen wirken sich direkt auf die Kultur Ihres Unternehmens aus.

Du inspirierst andere, indem du Selbstvertrauen und Entschlossenheit hast.
Sie schaffen eine kollaborative und kollaborative Umgebung.
Emotional bewusste Führungskräfte bevorzugen Engagement und Loyalität.

4. Basaler Kern: Die Kunst des ständigen Handelns
Die Basalganglien sind die treibende Kraft hinter dem Verhalten und dem automatischen Verhalten. Wenn es um Führung geht, spielen sie eine wichtige Rolle bei:

Schaffen Sie effektive Prozesse, die Ihre Produktivität steigern.
Eine konsequente Einstellung zu entwickeln, kann dein Selbstvertrauen stärken.

Die Fähigkeit, sich auf Druck zu verlassen.
Wenn Sie sich jemals gefragt haben, warum manche Menschen ohne Energie arbeiten, liegt die Antwort in der Regel in der Stärke ihrer Persönlichkeit, d.h. ihres Gehirnbildes.

Herausforderung: Bringen Sie Ihr ganzes Gehirn mit?
Die meisten Führungskräfte arbeiten auf Autopilot, ohne sich bewusst zu sein, wie ihre Gehirnstruktur jede Handlung, Interaktion und jedes Ergebnis beeinflusst. Aber hier ist die kühne Wahrheit: Außergewöhnliche Führung erfordert außergewöhnliche Köpfe.

Die gute Nachricht ist, dass Sie Ihr Gehirn trainieren können, um effizienter, objektiver und vernetzter zu sein. Hier sind einige praktische Tipps:

Priorisieren Sie Ihr Gesicht: Üben Sie Achtsamkeit, um Ihre Fähigkeit zu verbessern, sich zu konzentrieren und Ihre Gedanken zu steuern.

Bewerten Sie Ihr limbisches System: Nehmen Sie sich etwas Zeit, um über Ihre Persönlichkeitsmerkmale nachzudenken und darüber, wie sie sich auf Ihr Team auswirken.

Aktivieren Sie Ihre Spiegelneuronen: Schaffen Sie effektive Kommunikationsfähigkeiten und inspirieren Sie andere durch ihr Beispiel.
Optimierung Ihrer Kernganglien: Identifizieren und verstärken Sie Gewohnheiten, die Sie Ihren Führungszielen näher bringen.

Das Gehirn als Geheimwaffe des Führers des 21. Jahrhunderts
Zu verstehen, wie das Gehirn funktioniert, ist keine wissenschaftliche Kuriosität; Dies ist der Schlüssel zur Erschließung Ihres wahren Führungspotenzials.

Überdenken Sie jede Entscheidung mit Zuversicht, stärken Sie Ihr Team und erzielen Sie Ergebnisse, die ihr Leben verändern werden. Dies ist kein unrealisierbares Ideal; Es ist das direkte Ergebnis des Lernens, deine Gedanken mit deinen Zielen in Einklang zu bringen.

Die Wissenschaft ist auf Ihrer Seite, aber die Tat ist auf Ihrer Seite. Warten Sie nicht länger und überprüfen Sie den Einfluss Ihres Gehirns auf Ihre Führungskräfte. Veränderung beginnt hier und jetzt. Sind Sie bereit, Ihr Potenzial auszuschöpfen?

DER PRÄFRONTALE KORTEX: DAS ZENTRUM BEWUSSTER ENTSCHEIDUNGEN.

Was ist das erste, was dir in den Sinn kommt, wenn du über eine wichtige Entscheidung in deinem Leben nachdenkst? Aktueller Stress? Angst vor dem Handeln? Vielleicht fühlst du Klarheit, wenn alles an seinen Platz zu fallen scheint. Aber woran du nicht denkst, ist das eigentliche Merkmal hinter allen guten Entscheidungen: deine Gedanken.

Der Teil des Gehirns hinter der Stirn ist nicht der einzige lebende Teil des Körpers. Er ist dein innerer Planer, dein moralischer Kompass und der Architekt deiner größten Träume. Es ermöglicht dir, nicht nur auf das Leben zu reagieren, sondern es auch zu erschaffen. In diesem Blog werden wir dieses Gehirnzentrum untersuchen und wie Sie es nutzen können, um Ihre Führung, Ihre Emotionen und Ihr Leben zu verändern.

Präfrontaler Kortex: Ein evolutionäres Wunder

Der präfrontale Kortex (PFC) ist das Produkt von Millionen von Jahren der Evolution und ist eines der einzigartigsten Merkmale des menschlichen Gehirns. Es macht einen kleinen Teil des Gehirns aus, verbraucht aber die falsche Menge an Energie: etwa 20 Prozent des gesamten Gehirns. Das zeigt seine Bedeutung.

Der PFC ist mit höheren kognitiven Funktionen verbunden, was uns dazu führt, Folgendes zu identifizieren:

Psychologische Entscheidungsfindung: Auswahl mehrerer Optionen auf der Grundlage von Reflexion und Analyse.
Langfristige Planung: Über Ziele nachdenken und die Schritte planen, die erforderlich sind, um sie zu erreichen.
Impulsmanagement: Reagieren Sie auf unmittelbare Herausforderungen und seien Sie zuversichtlich in Bezug auf zukünftige Vorteile.

Mitgefühl und Ethik: Die Interessen anderer berücksichtigen, wenn Entscheidungen getroffen werden. Doch diese mächtige Waffe hat eine fatale Schwäche: Stress, Müdigkeit und mangelnde Ausbildung können ihr schaden.

Die Macht, Entscheidungen vorherzusagen
Haben Sie sich jemals gefragt, warum manche Menschen immer wieder die falschen Entscheidungen treffen? Es ist kein Glück oder eine Naturgewalt; Das Ergebnis ist ein gut trainierter CPF.

Die meisten von uns treffen plötzliche Entscheidungen, ohne darüber nachzudenken. Dies liegt daran, dass andere Teile des Gehirns, wie z. B. das limbische System (das für Emotionen verantwortlich ist), in Zeiten von Stress unter Kontrolle sein müssen. Emotionen sind zwar wichtig, aber sich allein auf sie zu verlassen, kann zu Überreaktionen und der Unfähigkeit führen, fundierte Entscheidungen zu treffen.

Dann ist CPF Ihr Geheimwerkzeug. Es ermöglicht Ihnen, einen Schritt zurückzutreten, Ihre Optionen zu bewerten und die Option zu wählen, die für Sie und andere am besten geeignet ist, nicht nur die einfachste oder unterhaltsamste Option.

Wie der präfrontale Kortex funktioniert
Um seine Funktion zu verstehen, müssen wir zunächst untersuchen, wie es funktioniert.

1. Informationsintegration
Der PFC fungiert als zentrale Verarbeitungseinheit, die Informationen aus verschiedenen Teilen des Gehirns integriert. Nehmen wir an, Sie sind auf der Suche nach einem Jobangebot:

Dein limbisches System sagt dir, wie du dich bei der Stellenausschreibung (emotional) fühlst.
Ihr parietales Gehirn analysiert numerische Daten (Wahrnehmung).
Dein Gedächtnis erinnert sich an vergangene Erfahrungen in der gleichen Aktivität. Der CPF
Es bringt alles zusammen, um Ihnen zu helfen, eine fundierte und fundierte Entscheidung zu treffen.

2. Künftige Politik
CPF als Schwangerschaftssimulator. Es ermöglicht Ihnen, sich zukünftige Situationen vorzustellen, Risiken

zu berechnen und Ergebnisse vorherzusagen. Diese Fähigkeit, langfristig zu planen, ist der Schlüssel zum Erfolg in jedem Bereich Ihres Lebens.

Diese Vorhersage ist jedoch nicht immer wahr. Heutzutage leben viele Menschen in der Falle, sich bei ihren Entscheidungen von ihren Emotionen leiten zu lassen.

3. Impulssteuerung
In einer Welt voller Ablenkungen ist der CPF ein Schutz vor Versuchungen. Es hilft dir, "Nein" zu Dingen zu sagen, die nicht deinem Zweck dienen, und dich auf das Wesentliche zu konzentrieren.

Führungskräfte mit einem starken CPF wissen, wie man Prioritäten setzt, den Lärm ignoriert und sich auf das Wesentliche konzentriert.

Vorsorge- und Führungsfonds
Wenn wir über Führung sprechen, spielt der Vorsorgefonds eine wichtige Rolle. Hier sind einige der Möglichkeiten, wie sich Einfluss manifestiert:

1. Grundsatzbasierte Entscheidungsfindung
Kluge Führungskräfte bewerten nicht nur die Ergebnisse, sondern auch, wie sich Entscheidungen auf die Menschen auswirken. CPF hilft dabei, unmittelbare Vorteile mit langfristigen Auswirkungen in Einklang zu bringen, und stellt sicher, dass die Maßnahmen mit den Grundwerten übereinstimmen.

2. Schutz vor Stress
Stress blockiert den präfrontalen Kortex, was dazu führt, dass wir schlechte Entscheidungen treffen.

Führungskräfte, die Achtsamkeit und andere Techniken zur Emotionsregulation praktizieren, halten ihren präfrontalen Kortex auch in Zeiten hohen Stresses aktiv.

3. Konfliktlösung
Ausgebildete CPF-Führungskräfte können Konflikte durch Mitgefühl und Strategie bewältigen, anstatt aggressiv zu reagieren oder Probleme zu vermeiden.

Wie Sie Ihren präfrontalen Kortex trainieren
Wenn der präfrontale Kortex so mächtig ist, warum machen wir dann nicht das Beste daraus? Die Antwort ist einfach: Sie brauchen eine Schulung. Hier sind einige neurowissenschaftlich fundierte Verstärkungsstrategien:

1. Achtsamkeitspraxis
Achtsamkeit reduziert die Aktivität im limbischen System und stärkt die Verbindungen mit dem präfrontalen Kortex. Verbringen Sie jeden Tag 10 Minuten mit Meditation oder konzentrieren Sie sich auf Ihre Atmung.

2. Regelmäßige Bewegung
Bewegung erhöht die Durchblutung des Gehirns und verbessert die PFC-Funktion. Aerobic wie Joggen oder Gehen funktioniert gut.

3. Stimulieren Sie Ihren Geist
Das Lösen von Problemen, das Erlernen neuer Fähigkeiten und das Reflektieren Ihrer Entscheidungen können die neuronalen Verbindungen im präfrontalen Kortex stärken.

4. Priorisieren Sie den Schlaf
PFCs haben oft Schlafstörungen. Stellen Sie sicher, dass Sie jeden Tag mindestens 7-8 Stunden Schlaf bekommen, um eine optimale Leistung zu erhalten.

Ihre Zukunft liegt in Ihren Händen... Nicht nur Ihr präfrontaler Kortex, er ist die Quelle Ihrer Macht. Führung, Motivation und Veränderung erfordern Entscheidungen, und das hängt davon ab, wie gut Sie diesen Teil Ihres Gehirns trainieren.

Stellen Sie sich vor, was Sie erreichen könnten, wenn jede Entscheidung, die Sie treffen, auf Ihre Werte und Ziele abgestimmt wäre. Stellen Sie sich vor, Sie führen mit Klarheit, Zielstrebigkeit und der unaufhaltsamen Fähigkeit, andere zu inspirieren.

Der Verstand des Führers ist nicht exponiert; Es ist eine Ernte. Starten Sie noch heute Ihr CPF-Training und entfesseln Sie Ihr wahres Potenzial. Dein Leben, deine Entscheidungen und die Menschen, die du führst, verdienen etwas Besseres.

Seite 68

EMOTION, VERNUNFT UND DER KAMPF ZWISCHEN DEM LIMBISCHEN SYSTEM UND DEM KORTEX.

Es gibt einen ständigen Kampf in dir, einen Tanz zwischen zwei mächtigen Kräften, die jede deiner Entscheidungen formen: das limbische System und die Großhirnrinde. Der eine ist der Verwalter deiner Gedanken; Doch was passiert, wenn diese Kräfte aufeinanderprallen? Dieser unsichtbare Kampf bestimmt nicht nur deine Entscheidungen, sondern auch den Weg deines Lebens.

Wenn du jemals das Gefühl hattest, dass dein Herz etwas will, aber dein Verstand dir etwas anderes sagt, dann hast du diesen Kampf der Gehirne erlebt. In diesem Blog schauen wir uns an, wie es funktioniert, wie es sich auf Ihre Führung auswirkt und vor allem, wie Sie es nutzen können, um Ihr Leben, Ihre Führung und Ihre Entscheidungsfindung zu verändern.

Das limbische System: das emotionale Zentrum

Das limbische System ist einer der ältesten Teile Ihres Gehirns und hat sich entwickelt, um zu überleben. Es ist die Ursache für Emotionen, schnelle Wünsche und instinktive Handlungen.

Die gebräuchlichsten Teile sind:

Amygdala: Zentral für Emotionen wie Angst, Wut und Glück.

Hippocampus: Verantwortlich für das Gedächtnis und die Assoziation mit vergangenen Erfahrungen.

Hypothalamus: Steuert die Reaktion Ihres Körpers auf Stress und Emotionen.

Dieses System ist so konzipiert, dass es schnell handelt und Ihre Sicherheit an erste Stelle setzt. Wenn du zum Beispiel die Straße entlang gehst und einen Schatten siehst, der wie der eines Raubtiers aussieht, schaltet sich dein limbisches System ein, bevor du verarbeiten kannst, ob es sich um ein Tier oder einen sich bewegenden Ast handelt.

Das Problem ist, dass das System nicht zwischen realen und vermeintlichen Bedrohungen unterscheiden kann. Deshalb kann es sein, dass du dich über harmlose Kommentare ärgerst oder übereilte Entscheidungen triffst, wenn du unter Stress stehst.

Die Großhirnrinde: die Stimme der Vernunft
Die zweite Ecke des Rings ist die Großhirnrinde, genauer gesagt die präfrontale Hirnrinde, in der sich die Hauptfunktionen befinden: Planung, Denken, Denken und Selbstkontrolle.

Die Kruste reagiert nicht schnell. Analysieren, analysieren und quantifizieren Sie Best Practices auf der Grundlage verfügbarer Daten. Es hilft Ihnen:

Meditieren Sie, bevor Sie sprechen.
Bewerten Sie die Risiken und Vorteile.
Treffen Sie angemessene und kluge Entscheidungen.
Es braucht jedoch Zeit. Als das limbische System "Handle jetzt!" schreit, flüstert der Kortex "Moment mal, lass uns das herausfinden." Haben Sie sich jemals

Seite 70

gefragt, warum es so schwer ist, ruhig zu bleiben, wenn Sie sich streiten oder beim Essen Nein zum Nachtisch sagen? Das ist Krieg.

Das limbische System sagt Ihnen:

"Reagieren Sie jetzt und schützen Sie sich." Iss den Kuchen, du hast ihn verdient
Im Moment versucht Ihre Großhirnrinde zu sagen:

"Wenn du schreist, wirst du es tun." um die Beziehung zu zerstören."
"Du willst keinen Kuchen, denk an deinen Zweck."
Wenn dieser Kampf stressig ist, kann sich das Gleichgewicht auf das limbische System verlagern. Dies wird als psychologischer Betrug bezeichnet und ist einer der Hauptgründe, warum wir oft die Entscheidungen treffen, die wir dann treffen, diejenigen, die vom limbischen System gesteuert werden, dazu neigen:

Impulsiv handeln, wenn es Konflikte gibt.
Entscheidungen treffen, die auf Angst oder Druck basieren.
Verlust des sozialen Vertrauens aufgrund emotionaler Instabilität.
Auf der anderen Seite können Führungskräfte, die lernen, beide Kräfte auszubalancieren:

Reagieren statt reagieren.
Inspiriert Vertrauen und Ruhe.
Treffen Sie kluge Entscheidungen, die dem Team und der Organisation zugute kommen.
Gute Führung bedeutet nicht, Ideen zu ignorieren;

Wie du deinen inneren Krieg gewinnst

Die gute Nachricht ist, dass Sie kein Sklave Ihrer Gedanken oder ein rationaler Roboter sein müssen. Der Schlüssel ist, Ihr Gehirn so zu trainieren, dass beide Systeme harmonisch zusammenarbeiten.

1. Seien Sie wachsam
Achtsamkeit stärkt die Verbindung zwischen dem präfrontalen Kortex und dem limbischen System und ermöglicht es Ihnen, Ihre Handlungen besser zu steuern. Nehmen Sie sich jeden Tag ein paar Minuten Zeit, um Ihre Gedanken und Gefühle zu analysieren, ohne sie zu verurteilen.

2. Kontrollzentrum
Starker Stress kann die Reaktionen des limbischen Systems verstärken. Schaffen Sie eine Umgebung, die Ruhe fördert, z. B. regelmäßige Pausen, entspannende Musik und sogar einen aufgeräumten Arbeitsplatz.

3. Lernen Sie Selbstbeherrschung
Wenn Sie mit einer emotionalen Krise konfrontiert sind, versuchen Sie, tief durchzuatmen, bevor Sie handeln. Atmen Sie tief ein und geben Sie der Rinde Zeit, einzugreifen.

4. Überlegen Sie sich Ihre Entscheidungen
Am Ende des Tages sollten Sie Ihre Entscheidungen abwägen. Verhältst du dich emotional oder intellektuell? Diese Übungen können dir helfen, Muster zu erkennen und dein Wissen zu erweitern.

Verändern Sie sofort Ihr Leben und Ihre Führung
Dein Gehirn hat zwei beste Freunde, aber nur einer sollte dich in jeder Situation führen. Den Kampf zwischen dem limbischen System und der Großhirnrinde zu verstehen und zu bewältigen, ist nicht nur eine praktische

Fähigkeit; Das ist der Unterschied zwischen passivem Leben und zielgerichteter Führung.

Stellen Sie sich vor, was Sie tun könnten, wenn jede Entscheidung, die Sie treffen, mit Ihren Zielen und Überzeugungen übereinstimmen würde und wenn Sie jedes Problem angemessen und klar angehen könnten. Die Zukunft ist kein Traum, sondern eine reale Möglichkeit.

Wahre Führung beginnt in Ihnen, dort, wo Gedanken und Gefühle aufeinandertreffen.

EMOTIONEN UND IHRE ROLLE BEI DER ENTSCHEIDUNGSFINDUNG

Glaubst du, dass die wichtigsten Entscheidungen in deinem Leben auf deiner Vorstellungskraft basieren? Denken Sie noch einmal darüber nach. Jeder Schritt, den Sie tun, jede Entscheidung, die Sie treffen, wird zutiefst von einem leisen, aber kraftvollen Motor beeinflusst: Ihren Emotionen.

Der Verstand einer Führungskraft

Viele Jahre lang haben wir geglaubt, dass der gesunde Menschenverstand der einzige verlässliche Leitfaden ist. Uns wird gesagt, dass Emotionen Ablenkungen sind, die wir ignorieren müssen. Aber es ist wahr und wird die Art und Weise, wie Sie Entscheidungen treffen, für immer verändern: Emotionen sind nicht der Feind. Sie begeistern.

In diesem Blog untersuchen wir, wie Emotionen Ihre Entscheidungen beeinflussen, warum Emotionen wichtig sind, um Ihre Ziele zu erreichen, und wie Sie dieses Wissen nutzen können, um Ihr Leben zu verändern und die Welt zu beeinflussen.

Warum sind Emotionen wichtig?
Emotionen sind nicht einfach Reaktionen auf die Umwelt um uns herum. Sie sind ein innerer Kompass, der Sie durch die Ungewissheit führt, ein Radar, das Chancen und Risiken erkennt, bevor Sie sie bemerken.

Wissenschaftlich gesehen haben Emotionen ihren Ursprung im limbischen System, dem Bereich des Gehirns, der für die Verarbeitung emotionaler Informationen und deren Verknüpfung mit Erinnerungen, vergangenen Erfahrungen und zukünftigen Erwartungen verantwortlich ist. Es hilft dir nicht nur zu überleben, sondern hilft dir auch, die Welt zu verstehen.

Überraschende Fakten
Der Neurowissenschaftler Antonio Damasio fand heraus, dass Menschen, deren Teile des Gehirns für die Verarbeitung betroffener Emotionen verantwortlich sind, Schwierigkeiten haben, Entscheidungen zu treffen, selbst bei einfachen Aufgaben wie der Wahl zwischen zwei

Seite 74

identischen Lebensmitteln. Ein gesunder, emotionsloser Geist ist tot.

Die Rolle von Emotionen bei der Entscheidungsfindung
Helfen Sie mit, Prioritäten zu setzen
Der gesunde Menschenverstand allein reicht bei vielen Entscheidungen im modernen Leben nicht aus. Emotionen helfen Ihnen dabei, zu bestimmen, was wichtig ist, die Informationen zu analysieren, die Sie betreffen, und sich auf das zu konzentrieren, was wirklich wichtig ist.

Frühwarnsysteme werden entwickelt
Angst schützt dich, Wut treibt dich zum Handeln an und Traurigkeit kontrolliert dein Denken. Jede Emotion hat einen Zweck, und wenn du ihn verstehst, kannst du ihre Macht nutzen, anstatt sie zu kontrollieren.

Positive Maßnahmen
Erinnern Sie sich an das letzte Mal, als Sie eine mutige Entscheidung getroffen haben? Vielleicht tun Sie es aus Neugierde, Aufregung oder sogar ein wenig Angst. Ohne Gefühle nichts.

Sie verbinden Menschen
Im Leben beeinflussen deine Entscheidungen mehr als dich selbst. Wenn du Entscheidungen triffst, die auf Gefühlen wie Mitgefühl und Empathie basieren, hast du einen positiven Einfluss auf die Menschen um dich herum.

Der Mythos der reinen Vernunft
Wir leben in einer Zeit, in der Logik und Daten geschätzt werden. Sie lehren uns, dass klug zu sein und stark zu

sein dasselbe ist. Aber dieser Glaube übersieht etwas Wichtiges: Wir sind nicht die rationalen Maschinen, die wir manchmal denken, sondern emotionale und denkende Wesen.

Das Geheimnis liegt nicht in der Auswahl von Emotionen und Gedanken, sondern in der Kombination. Der Grund dafür ist, dass der präfrontale Kortex eng mit dem limbischen System verbunden ist. Zusammen bilden sie ein unschlagbares Team, das in der Lage ist, intelligente strategische Entscheidungen zu treffen.

Wie du deine Emotionen nutzen kannst
1. Verstehen Sie Ihre Emotionen
Der erste Schritt, um deine Emotionen zu verstehen, besteht darin, sie zu verstehen. Verwenden Sie Tools wie Plutchiks Rad der Emotionen, um Ihre Emotionen zu benennen und zu verstehen, woher sie kommen.

2. Denken Sie nach, bevor Sie handeln
Halten Sie inne für eine wichtige Entscheidung. Fragen Sie sich: Welche Emotionen haben Sie zu dieser Entscheidung veranlasst? Ist es Angst, Freude oder Verzweiflung? Wenn du deine Emotionen verstehst, hast du die Kraft, sie zu überwinden.

3. Finden Sie das Gleichgewicht
Ignoriere deine Gefühle nicht, aber lass dich nicht von ihnen kontrollieren. Verwenden Sie den gesunden Menschenverstand, um Fakten und Gefühle zu analysieren und Kontext und Zweck für Ihre Entscheidungen zu liefern.

4. Entwickelt emotionale Intelligenz

Seite 76

Emotionale Intelligenz verbessert nicht nur Ihre Beziehungen, sondern ist auch der Schlüssel zu einer effektiven Entscheidungsfindung. Lernen Sie, Ihre Emotionen zu kontrollieren und die Emotionen anderer zu verstehen.

Führung und Einfluss auf den Erfolg
Führungskräfte, die Emotionen ignorieren, verlieren den Kontakt zu ihren Teams. Umgekehrt schafft eine Führungskraft, die ihre Rolle versteht, eine Kultur des Vertrauens, der Motivation und der Loyalität. Welche Art von Führungskraft möchten Sie sein?

Eure Emotionen sind keine Hindernisse, sie sind Werkzeuge, um eine Gemeinschaft zu schaffen, die in der Lage ist, die Realität zu kanalisieren und zu transformieren. Wenn Sie sie verstehen, können Sie:

Treffen Sie klare Entscheidungen.
Entwickeln Sie Vertrauen und Empathie.
Bewältigen Sie das Chaos mit Klarheit und Menschlichkeit.
Ändere noch heute deine Beziehung zu deinen Emotionen
Stell dir vor: Jede Entscheidung, die du im Leben triffst, ist auf deine Werte und Ziele ausgerichtet. Wenn Emotionen und Gedanken zusammenarbeiten, stehen sie nicht im Konflikt miteinander. Das ist zwar möglich, aber es ist kein ferner Traum;

DIE ROLLE DER EMOTIONALEN INTELLIGENZ IN DER FÜHRUNG

Im Laufe der Jahre haben wir gelernt, dass gute Führungskräfte immer Recht haben, Autorität mit Zahlen, tadellosen Methoden und falschen Vorstellungen zeigen. Aber lassen Sie mich Ihnen etwas sagen: Große Führungskräfte sind nicht nur für ihren IQ bekannt, sondern auch für ihre emotionale Intelligenz (EI).

Das ist nicht nur ein Trend oder ein Modewort, sondern eine wissenschaftlich abgesicherte Tatsache. Wenn Sie sich nicht auf Ihre emotionale Intelligenz konzentriert haben, vernachlässigen Sie möglicherweise Ihr mächtigstes Werkzeug, um die Menschen, die Sie führen, zu beeinflussen, zu inspirieren und einen bleibenden Eindruck zu hinterlassen.

Sind Sie bereit, Ihre Führungsüberzeugungen in Frage zu stellen? Schauen wir uns an, wie emotionale Intelligenz alles verändert.

Was ist emotionale Intelligenz und warum ist sie so wichtig?
Emotionale Intelligenz, ein Begriff, der von Daniel Goleman populär gemacht wurde, bezieht sich auf die Fähigkeit, die eigenen Emotionen und die anderer besser zu verstehen, zu bewältigen und zu nutzen.

In Bezug auf Führung bedeutet es mehr als freundlich oder mitfühlend zu sein. Hund:

Verbinden Sie sich ehrlich mit Ihrem Team.
Besserer Umgang mit Stress und Angstzuständen.

Du triffst rationale und ehrliche Entscheidungen.
Fünf kritische Komponenten der Leadership Intelligence
Selbstbewusstsein: Verstehen Sie Ihre Emotionen und wie Ihre Emotionen die Entscheidungsfindung beeinflussen.
Selbstbeherrschung: Üben Sie Ihre Reaktion, um zu reagieren, nicht um zu handeln.

Mittlere Motivation: Eine klare Vision haben und andere motivieren. Hauptfach Englisch
Mitgefühl: Die Gefühle und Perspektiven anderer verstehen.

Soziale Kompetenzen: Aufbau starker Beziehungen und effektive Lösung von Konflikten.
Gängige Überzeugungen entlarven: "Führung ist subjektiv"
Es ist an der Zeit, mit den größten Mythen über Führung aufzuräumen: Fakten und Daten reichen aus.

Eine Führungskraft mag eine gute Strategie haben, aber wenn sie keine Verbindung zu ihrem Team aufbauen kann, wird die Strategie scheitern. warum? Weil die Leute nicht kalten Diagrammen oder Analysen folgen. Die Emotionen gehen weiter. Sie folgen Menschen, die sie inspirieren und ihnen das Gefühl geben, wichtig zu sein.

Die Wissenschaft hinter Emotionen in der Führung
Das limbische System ist das emotionale Zentrum unseres Gehirns und spielt eine wichtige Rolle dabei, wie wir Informationen verarbeiten und Entscheidungen treffen. Die Forschung zeigt, dass Emotionen der "Klebstoff" sind, der Menschen verbindet, Vertrauen aufbaut und Engagement schafft.

Führungskräfte mit hoher Intelligenz sind in der Lage, die innere Stärke ihrer Teams zu entfachen und ihre Ideen mit den Zielen der Organisation in Einklang zu bringen. Es ist keine Magie; Das ist Neurowissenschaft.

Die unglaublichen Vorteile emotionaler Intelligenz für Führungskräfte

Aufbau nachhaltiger Teams
Wenn Sie mit emotionaler Intelligenz führen, können Sie Ihrem Team helfen, mit Veränderungen umzugehen, Hindernisse zu überwinden und sich auf Ziele zu konzentrieren, auch in Zeiten der Unsicherheit.

Pflegen Sie eine Kultur des Vertrauens
Mitgefühl und offene Kommunikation geben den Menschen das Gefühl, geschätzt, gehört und respektiert zu werden. Das verbessert die Zusammenarbeit und reduziert die Anzahl der Mitarbeiter.

Effektive Konfliktlösung
Eine Führungskraft mit EI hat keine Angst vor Konflikten und geht diese mit Bedacht an, versteht die grundlegenden Probleme und findet Wege, um Beziehungen zu stärken.

Entwicklung der Belegschaft
Arbeiter arbeiten nicht für Zahlen; Wenn sie das Gefühl haben, dass ihre Führungskräfte ihre Bedürfnisse verstehen und sich um ihr Leben kümmern, steigt die Produktivität.

Call to Action: Verbessern Sie Ihre Führungsqualitäten durch Sensibilisierung

Erkennst du deine Kräfte? Emotionale Intelligenz ist nichts Anspruchsvolles oder "Besonderes". Sie ist die Basis guter Führung im 21. Jahrhundert

Aber hier ist das Problem: EI passiert nicht über Nacht. Dies ist der Muskel, den Sie zum Trainieren benötigen. Es ist eine Reise zu Selbsterkenntnis, authentischer Verbundenheit und emotionaler Kontrolle.

Sind Sie bereit, den ersten Schritt zu tun?

Drei Maßnahmen, die heute starten
Denken Sie nach: Nehmen Sie sich am Ende eines jeden Tages 10 Minuten Zeit, um zu sehen, wie Sie sich um Ihre Gedanken und die Ihres Teams kümmern können.

Aktives Zuhören: Ich versuche, mehr zuzuhören als Worte. Welche Art von Haltung zeigen die Menschen, die Sie führen?
Lernen und Entwicklung: Investieren Sie in die persönliche und berufliche Entwicklung. Bücher, Seminare, Konferenzen... Alles inklusive.
Die Zukunft der Führung wartet auf Sie
Die Welt braucht nicht viele Führer, die nur Befehle erteilen und Dinge tun. Sie brauchen Führungskräfte, die andere inspirieren, verbinden und aufmuntern.

Willst du dieser Anführer sein? Beginnen Sie dann damit, Ihre emotionale Intelligenz zu entwickeln. Denn die Macht, die du in deinem Team, deiner Community und der Welt haben kannst, ist das Beste, was du für dich selbst tun kannst.

Warten Sie nicht darauf, dass der Wandel zu Ihnen kommt. Sei die Veränderung. Ermutigen. direkt. Ändere das.

Seite 82

WIE EMOTIONEN UNSERE ENTSCHEIDUNGEN BEEINFLUSSEN

Haben Sie sich jemals gefragt, warum Sie manchmal Entscheidungen treffen, die widersprüchlich erscheinen? Kaufe Dinge, die du nicht brauchst, führe eine Beziehung, die dich nicht glücklich macht, oder nimm einen Job an, der nicht zu dir passt. Spoiler-Alarm: Du bist nicht anonym. Du bist ein Mensch. Wie bei uns allen werden deine Entscheidungen von einem mächtigen Verbündeten (und manchmal auch Feind) getroffen: deinem Verstand.

Möchten Sie wissen, wie dieses Phänomen funktioniert und vor allem, wie Sie es nutzen können, um lebensverändernde Entscheidungen zu treffen? Willkommen in dieser aufregenden Welt, in der Wissenschaft und Logik zusammenkommen, um Geheimnisse deiner Wahl zu lüften.

Den Glauben in Frage stellen: "Ich treffe Entscheidungen mit meinem Kopf, nicht mit meinem Herzen"
Wurde Ihnen jemals gesagt, dass die Entscheidungsfindung fair und vernünftig sein sollte? Diese Emotion ist ein Hindernis, das du überwinden musst. Nun, es ist an der Zeit, mit diesem Mythos aufzuräumen.

Die Neurowissenschaft zeigt, dass wir ohne Emotionen keine Entscheidungen treffen können. Der Neurowissenschaftler Antonio Damasio untersuchte

Der Verstand einer Führungskraft

Patienten mit Schädigungen der Hirnareale, die für emotionale Reaktionen verantwortlich sind. Was kommt als nächstes? Sie können Daten sehr gut analysieren, aber sie können sich nicht zwischen zwei scheinbar einfachen Optionen entscheiden.

Das bedeutet, dass unsere Emotionen nicht auf Affekte beschränkt sind;

Limbisches System: Ihr emotionales GPS
In Ihrem Gehirn fungiert das limbische System als Kommandozentrale. Hier werden Emotionen wie Angst, Freude, Traurigkeit und Glück verarbeitet. Diese Emotionen erzeugen Signale, die Ihr Gehirn verwendet, um die Welt um Sie herum zu bewerten und Ihre Entscheidungen zu leiten.

Glück: Wenn dich etwas glücklich macht, kannst du es dir aussuchen.
Angst: Sie hindert dich daran, Risiken einzugehen, auch wenn die Vorteile gut sind.
Wut: Sie trübt dein Urteilsvermögen und lässt dich vorschnelle Entscheidungen treffen.
Das limbische System ist sehr aktiv. So sehr, dass es Ihre Entscheidung beeinflussen kann, bevor der präfrontale Kortex (der logische Teil Ihres Gehirns) Zeit hat, einzugreifen.

Die Macht der Emotionen bei alltäglichen Entscheidungen
Bedenken Sie Folgendes. Jede Entscheidung, die Sie treffen, von der Frage, was Sie essen, bis hin zum Verhalten bei wichtigen Besprechungen, ist voller Aufregung. Selbst scheinbar rationale Entscheidungen, wie z. B. Investitionen, haben emotionale Erwartungen:

Werden Sie sich dadurch sicher fühlen? Bringt es Sie dem Erfolg näher?

Emotionen sind mentale Abkürzungen. Ohne sie wäre jede Entscheidung langwierig und anstrengend. Aber die Sache ist die: Manchmal können Sie diese Abkürzungen auf den falschen Weg führen.

Die Wissenschaft der emotionalen Voreingenommenheit

Emotionen sind zwar wichtig, können aber auch dazu führen, dass wir Fehler bei der Beurteilung machen. Einige Beispiele:

Bestätigungsfehler: Suche nach Informationen, die mit dem übereinstimmen, was Sie bereits fühlen.

Selbstüberschätzung: Selbstvertrauen kann dazu führen, dass Sie wichtige Risiken ignorieren.

Angst vor dem Versagen: Sie kann Sie entmutigen und Sie daran hindern, lebensverändernde Entscheidungen zu treffen.

Aber es ist noch nicht alles verloren. Der Schlüssel liegt darin, deine Emotionen nicht zu ignorieren, sondern zu lernen, sie zu verstehen und zu kontrollieren.

Wie du deinen Verstand nutzt, um positive Entscheidungen zu treffen

Achte darauf, wie du dich fühlst: Bevor du eine Entscheidung triffst, frage dich: Wie fühle ich mich gerade? Wenn du deine Gedanken benennst, kann das helfen, zu erklären, wie sie dich beeinflussen.

Schauen Sie genau hin: Ist die Reaktion vorübergehend oder deutet sie auf etwas Tieferes hin? Wenn du nicht ruhig bist, warte, bevor du eine Entscheidung triffst.

Fragen Sie sich "die Zukunft": Stellen Sie sich vor, wie Sie sich fühlen würden, nachdem Sie eine Entscheidung getroffen haben. Wenn die Ideen gut sind und zu Ihren Werten passen, kann es die richtige Wahl sein.

Integration von Gedanken und Gefühlen: Es geht nicht um die Beseitigung von Gedanken, sondern um das Gleichgewicht von Gedanken und rationalem Denken. Zusammen bilden sie ein dynamisches Duo, um effiziente Entscheidungen zu treffen.

Eine überraschende Denkweise für schwierige Entscheidungen
Wenn du anfängst, deine Gedanken zu verstehen und zu kontrollieren, geschieht etwas Erstaunliches:

Du triffst Entscheidungen, die mehr mit deinen Zielen und Überzeugungen übereinstimmen.
Sie werden zu einer effektiven und mitfühlenden Führungskraft.
Du hörst auf, auf Autopilot zu sein, und fängst an, kluge Entscheidungen zu treffen.
Ihr nächster Schritt: Wiedererlangung Ihrer Entscheidungsgewalt
Sie treffen jeden Tag Hunderte oder Tausende von Entscheidungen. Einige sind klein; Manche Menschen können dein Leben verändern. Die Frage ist: Triffst du Entscheidungen oder treffen deine Gedanken Entscheidungen für dich?

Jetzt, da du weißt, welche wichtige Rolle das Herz spielt, ist es an der Zeit, zu handeln. Atmung. zu meditieren. Geben Sie jeder Option die Option, die sie verdient.

Seite 86

Denn die Macht, dein Leben zu verändern, beschränkt sich nicht darauf, das "Richtige" oder das "Falsche" zu wählen. Es ist eine Entscheidung, die man mit Bewusstsein, Zweck und Mut fühlen muss.

Nicht weit von Ihrem besten Typ entfernt. Das ist eine Entscheidung.

TECHNIKEN ZUR REGULIERUNG VON EMOTIONEN UNTER DRUCK

Der Meister Ihrer Reaktionen

Haben Sie sich jemals in einer stressigen Situation gefühlt, als würden Sie einen Herzinfarkt bekommen? Du verlierst die Kontrolle über deine Emotionen, deine Hände zittern, deine Gedanken werden dunkel und deine Worte scheinen in einem Meer der Angst zu ertrinken.

Stress kann das Gute oder das Schlechte in uns zum Vorschein bringen, und es ist nicht die Situation selbst, die den Unterschied macht, sondern das, was wir tun. Hier ist die Wahrheit: Der Schlüssel zum Erfolg in kritischen Momenten liegt nicht darin, Emotionen zu vermeiden, sondern zu lernen, sie zu Ihrem eigenen Vorteil zu managen.

Heute entlarven wir den Mythos, dass Emotionen die Entscheidungsfindung unter Stress beeinträchtigen, und zeigen Ihnen, wie Sie Emotionen in sehr gute Werkzeuge verwandeln können. Seien Sie vorbereitet, denn diese Tipps werden nicht nur Ihre Karriere, sondern auch Ihr Leben verändern.

Den Glauben in Frage stellen: "Stress bringt das Schlimmste in uns zum Vorschein"
Die meisten Menschen glauben, dass Stress uns zum Nachdenken und Schlechtfühlen bringt. Aber das ist nur ein Mythos. Stress definiert dich nicht; Stress wird dich nicht definieren. Warum, warum?

Die Neurowissenschaft hat etwas Überraschendes entdeckt: Wenn das Gehirn gestresst ist, aktivert es zwei Hauptsysteme:

Das limbische System, das unsere emotionalen Reaktionen (wie Angst oder Wut) steuert.
Vorschulkind, verantwortlich für logisches Denken und Selbstkontrolle.
Wenn du gestresst bist, übernimmt dein limbisches System die Kontrolle und du wirst unruhig. Aber hier ist der Clou: Durch Bewegung können Sie Ihren präfrontalen Kortex stärken und die Kontrolle zurückgewinnen.
Die Kontrolle der emotionalen Regulation
Emotionen zu kontrollieren bedeutet nicht, sie zu unterdrücken. Es bedeutet, sie kennenzulernen, zu verstehen, was sie sagen, und zu antworten, anstatt sie zu ignorieren. Es ist, als würde man Surfen lernen, ohne sich davon unterkriegen zu lassen.

Seite 88

Wenn Sie über diese Fähigkeiten verfügen, werden Sie in der Lage sein:

Treffen Sie klarere und effektivere Entscheidungen, auch wenn Sie mit Problemen konfrontiert sind.
Pflegen Sie die berufliche Gesundheit und die persönlichen Beziehungen.
Erhöhen Sie Ihre Resilienz und reduzieren Sie die Auswirkungen von Stress auf Ihre Gesundheit. Kapitel
Sind Sie bereit, loszulegen? Dies sind die Techniken, die Sie brauchen, um Ihre Emotionen zu bewältigen, wenn Sie gestresst sind.

1. Atmung: Ihre erste Verteidigungslinie
Wenn der Stress zunimmt, wird deine Atmung schneller und sendet Stresssignale an dein Gehirn. Stoppen Sie den Kreislauf mit diesem einfachen, aber wirkungsvollen Trick:

Wie man es macht:
4 Sekunden lang tief in der Nase.
Halten Sie den Atem 4 Sekunden lang an.
Öffnen Sie Ihren Mund langsam für 6-8 Sekunden.
Warum es funktioniert: Es aktiviert Ihr parasympathisches Nervensystem, das für Ihre Beruhigung verantwortlich ist. In wenigen Minuten werden Sie ein neues Gefühl der Klarheit spüren.

2. Emotions-Etikette: Nennen Sie den Meister
In stressigen Zeiten können sich Ihre Emotionen wie ein unkontrollierbarer Wirbelsturm anfühlen. Hier kommen emotionale Signale ins Spiel.

Wie man es macht:
Wenn du eine starke Emotion spürst, sag laut (oder leise): "Das ist _____ (Angst, Traurigkeit, Angst, etc.)".

Warum es funktioniert: Die Forschung zeigt, dass emotionale Benennung dazu beitragen kann, den präfrontalen Kortex zu aktivieren, um Stress abzubauen. Es ist, als würde man in einem dunklen Raum eine Glühbirne einschalten; Plötzlich wird alles überschaubarer.

3. Mentale Verjüngung: Verändere die Oberfläche, verändere die Welt
Stress ist nicht schlecht; Das mag uns verwirren. Kognitive Umstrukturierung verändert die Art und Weise, wie wir eine Situation interpretieren.

Wie man es macht:
Fragen:

Welche Chancen bietet mir diese Challenge?
Was ist das Schlimmste, was passieren kann? Kapitel Unabhängig vom Ergebnis, was kann ich lernen?
Was es bewirkt: Diese Übung aktiviert Teile des Gehirns, die mit positivem Denken verbunden sind, und reduziert Stressreaktionen.

4. Die Verbindung mit dem Körper: Archivierung in der Gegenwart
Unter Stress greift der Verstand auf ein tragisches Ereignis zurück, um die Fehler der Vergangenheit zu wiederholen. Wenn Sie in diese Zeit zurückgehen, können Sie dies von einem Ort aus tun.

Wie man es macht:

Seite 90

Probieren Sie die "5-4-3-2-1"-Technik aus:

Finde bis zu 5 Dinge, die du finden kannst.
Nenne 4 Dinge, die du anfassen kannst.
Hören Sie auf drei Klänge um sich herum.
Anmerkungen 2 Küsst den Geruch.
Atmen Sie 1 Mal tief ein.
Warum es funktioniert: Es hält Ihren Geist im Moment und hält Sie von emotionalem Stress fern.

5. Lernen Sie Selbstwertgefühl: Seien Sie ihr Freund
Wenn du unter Druck einen Fehler machst, ist es leicht, dich mit negativen Gedanken zu verprügeln. Entscheide dich stattdessen dafür, dich selbst zu lieben.

Wie man es macht:
Akzeptiere deine Gedanken: "Das ist schwer, aber ich kann es schaffen."
Sag einem Freund: "Es ist in Ordnung, Fehler zu machen"; Es ist wichtig, daraus zu lernen."
Warum es funktioniert: Selbstliebe senkt den Cortisolspiegel (Stresshormon) und erhöht die Widerstandsfähigkeit.

Fazit: Du kannst und wirst bereit sein, dich allem zu stellen
Wenn du lernst, deine Emotionen unter Druck zu kontrollieren, bedeutet das nicht, dass du mit mehr Problemen umgehen kannst. Sie werden jemand sein, der Vertrauen einflößt, gelassen führt und klare und rationale Entscheidungen trifft.

Können Sie sich vorstellen, welche Auswirkungen dies auf Ihr Privatleben, Ihre Karriere und Ihre Beziehungen haben würde?

Der Verstand einer Führungskraft

Wissen ist nicht das Einzige, was in der Box ist. Dies ist ein Aufruf zum Handeln. Von heute an, wenn Sie sich am meisten gestresst fühlen, halten Sie inne, atmen Sie durch und wenden Sie diese Techniken an. Schieben Sie den Stress auf Ihren Partner und lassen Sie ihn für Sie arbeiten, nicht für Sie.

Denn im Leben geht es nicht darum, sich vor dem Sturm zu verstecken, sondern zu lernen, ihn mit Mut und Kraft zu überstehen. Dann kann es losgehen.

Die Kraft der Hoffnung im Auge des Hurrikans
Haben Sie jemals Angst verspürt, wenn Sie gestresst sind? Wünschst du dir, du könntest ruhig bleiben, wenn alles um dich herum auseinanderzufallen scheint? Lassen Sie mich Ihnen etwas sagen: Das Problem ist nicht der Stress an sich, sondern wie Sie damit umgehen.

In einer Welt voller Termine, Erwartungen und ständiger Herausforderungen ist es kein Luxus, zu lernen, seine Emotionen zu kontrollieren, sondern eine wesentliche Fähigkeit. Es ist der Unterschied zwischen vertrauensvoller Führung und Vorsicht, zwischen dem Herannahen eines Ziels und dem Gefühl der Lähmung.

Heute werde ich über wissenschaftliche Techniken sprechen, die Ihnen helfen, Ihre Emotionen in den wichtigsten Momenten zu kontrollieren und wie Sie Stress in Ihren stärksten Freund verwandeln können.

Fassen wir uns die Geschichte an: "Angst kontrolliert mich"
Viele Menschen glauben, dass Angst unser Feind ist, ein Monster, das unser Leben nicht kontrollieren kann. Aber

Seite 92

die Wahrheit ist; Stress ist nur eine Nachricht von Ihrem Gehirn. Dies ist Ihr innerer Alarm, der Ihnen sagt, dass etwas Ihre Aufmerksamkeit erfordert.

Das eigentliche Problem ist nicht die Angst, sondern wie du aussiehst und wie du dich verhältst. Du kannst dich von ihm verzehren lassen oder lernen, wie du ihn anleiten kannst, um bessere Entscheidungen zu treffen.

Was passiert mit deinem Gehirn, wenn du gestresst bist? Wenn Sie gestresst sind, geht Ihr Gehirn in den Kampf- oder-Flucht-Modus. Das limbische System, genauer gesagt die Amygdala, sendet Alarmsignale, die Emotionen wie Angst, Unruhe oder Depression auslösen. Dies hilft, in realen Situationen schnell zu reagieren, aber in der heutigen Welt ist dieser Prozess oft hyperaktiv.

Das Ergebnis? Sie verlieren die Macht Ihres präfrontalen Kortex, des Teils des Gehirns, der für die Entscheidungsfindung, Planung und Kreativität verantwortlich ist. Es ist, als würde man versuchen, einen Ferrari mit angezogener Handbremse zu fahren.

Aber keine Sorge: Mit den richtigen Ideen können Sie die Kontrolle zurückgewinnen und Ihre starken Emotionen in Werkzeuge verwandeln, um voranzukommen.

Energiemanagement zur Stressbewältigung bei Stress
1. Atmen, um die Kontrolle wiederzuerlangen
Denken Sie daran, dass die Atmung eines der mächtigsten Werkzeuge ist, um den Geist zu beruhigen. Versuchen Sie Folgendes:

4-4-8 Atmung: 4 Sekunden einatmen, 4 Sekunden halten, 8 Sekunden lang langsam ausatmen.

Dadurch wird Ihr parasympathisches System, die um Ihnen bei ,aktiviert ,sogenannte Stressbremse der Genesung zu helfen.

2. Üben Sie Glück
Wählen Sie ein Bild, eine Erinnerung oder einen Ausdruck, der Ihnen Frieden und Zuversicht bringt. Wenn du dich ängstlich fühlst, schließe deine Augen und bringe dieses Bild in deinen Kopf. Dies ist eine Möglichkeit, Ihr Gehirn daran zu erinnern, dass Stress nicht ewig anhält und dass Sie schon einmal mit Problemen konfrontiert waren.

3. Lenken Sie Ihr Denken durch kognitive Umstrukturierung um
Die kognitive Umstrukturierung wird die Art und Weise verändern, wie Sie eine Situation interpretieren.

Anstatt zu denken: "Das ist ein Chaos und ich kann es nicht." emotionale Reaktion.

4. Verwenden Sie positive Bilder
Schließen Sie die Augen und stellen Sie sich das bestmögliche Ergebnis der Situation vor, mit der Sie konfrontiert sind. Schauen Sie sich alles im Detail an: wie Sie denken, wie Sie handeln, wie Sie Ihre Ziele erreichen. Das gibt dir nicht nur ein gutes Gefühl, sondern trainiert auch dein Gehirn, Lösungen zu finden, anstatt sich auf Probleme zu konzentrieren.

5. Verbinden Sie sich mit Ihrem Körper
Stress verursacht körperlichen Stress. Üben Sie Techniken wie Körperwahrnehmung oder achtsames Dehnen, um Energie freizusetzen. Achten Sie zum Beispiel auf Ihre Schultern, Ihren Kiefer oder Ihre

Hände: Sind sie angespannt? Bemühen Sie sich, sie einfacher zu machen.

Geheimnisse resilienter Führungskräfte

Große Führungskräfte sind nicht immun gegen Stress. Der Unterschied ist, dass sie wissen, wie man es kontrolliert. Sie entwickeln ihre Fähigkeiten, auch in den schwierigsten Situationen ruhig zu bleiben, klar zu denken und die richtigen Entscheidungen zu treffen.

Wussten Sie, dass einige der erfolgreichsten Führungskräfte, von Olympioniken bis hin zu CEOs großer Unternehmen, diese Strategien anwenden? Die Forschung belegt ihre Vorteile, und auch Sie können davon profitieren.

Warum die Kontrolle deines Verhaltens unter Stress dein Leben verändern kann.

Wenn du lernst, dein Verhalten zu kontrollieren:

Sie werden bessere Entscheidungen treffen: Keine Ablenkungen mehr, die Sie später bereuen werden.
Sie stärken Ihre Beziehungen: Sie werden in der Lage sein, auch in schwierigen Zeiten offen und bereitwillig zu kommunizieren.
Dein Selbstvertrauen wird steigen: Zu wissen, dass du jede Situation kontrollieren kannst, wird dir eine einzigartige Kraft verleihen.
Du wirst ein Vorbild sein: Dein Handeln wird andere dazu inspirieren, inmitten des Chaos Frieden zu finden.
Du machst es jetzt
Stress und Druck gehen nicht weg. Aber das ist keine schlechte Sache. Was zählt, ist, wie du dich entscheidest, sie kennenzulernen. Wirst du der Beherrscher deiner

Gedanken sein, oder wirst du der Meister deiner Gedanken sein?

Veränderung beginnt hier und jetzt. Üben Sie diese Fähigkeiten. Wenden Sie sie auf Ihr tägliches Leben an. Denn wenn du deine Gedanken kontrollierst, veränderst du nicht nur dein Leben, sondern du inspirierst auch andere, das Gleiche zu tun.

Denke daran: Frieden ist nicht die Abwesenheit von Gewalt, sondern deine Fähigkeit, Gewalt zu kontrollieren.

Bist du bereit, die Kontrolle zu übernehmen und die beste Version deiner selbst zu werden? Jetzt ist es soweit!

Seite 96

NEUROPLASTIZITÄT: WIE SIE IHREN GEIST TRANSFORMIEREN, UM BESSER ZU FÜHREN

Haben Sie jemals das Gefühl gehabt, dass Ihre Führungsqualitäten aufgrund Ihrer Persönlichkeit, Ihrer Ausbildung oder sogar Ihres Alters eingeschränkt sind? Glauben Sie, dass große Führungskräfte geboren und nicht gemacht werden? Es ist an der Zeit, mit diesem Mythos aufzuräumen!

Die Wissenschaft beweist, dass sich Ihr Gehirn im Laufe Ihres Lebens verändern und verändern kann. Diese bemerkenswerte Fähigkeit wird als Neuroplastizität bezeichnet, und was sie offenbart, ist nichts weniger als eine Veränderung in der Art und Weise, wie wir Führung verstehen. Ja, Sie können Ihr Gehirn trainieren, um eine effektive, inspirierende und bodenständige Führungskraft zu sein. Unabhängig davon, in welcher Phase Ihrer Karriere Sie sich befinden oder wie Sie sich gerade fühlen, Ihr Geist bewegt sich und jetzt ist es an der Zeit, Ihre Kraft zu nutzen, um Ihre Führung zu transformieren.

Das Gehirn: eine Maschine für den Wandel
Viele Jahre lang galt das Gehirn als eine feste Struktur, die früh im Leben begann und dann starr wurde und sich nicht mehr verändern konnte. Aber die Neurowissenschaft widerlegt diesen Glauben. Dein

Der Verstand einer Führungskraft

Gehirn ist wie ein Muskel: Je mehr du ihn trainierst, desto stärker und schneller wird er.

Neuroplastizität ist die Fähigkeit des Gehirns, sich selbst neu zu organisieren und neue neuronale Verbindungen zu schaffen, die auf Erfahrung, Lernen und sogar Umweltveränderungen basieren. Das bedeutet, dass Sie Ihr Gehirn verändern können, um andere Fähigkeiten, wie z. B. Führung, zu verbessern.

Was bedeutet das für Sie als Führungskraft?
Du kannst deine Meinung ändern. Wenn Sie jemals gedacht haben, Sie seien zu "impulsiv" oder "zu beliebt", um eine gute Führungskraft zu sein, bietet die Neuroplastizität einen Ausweg. Sie können Ihr Gehirn trainieren, ruhigere Entscheidungen zu treffen, mitfühlender zu sein und Ihre Widerstandsfähigkeit angesichts von Widrigkeiten zu verbessern.

Sie werden lernen können, mit Stress und Ängsten umzugehen. Führungskräfte stehen oft vor großen Herausforderungen. Die gute Nachricht ist, dass das Gehirn lernen kann, die Emotionen zu kontrollieren, die in Stresssituationen entstehen. Indem Sie Ihr Gehirn trainieren, können Sie lernen, ruhig zu bleiben, bessere Entscheidungen zu treffen und ein positives Vorbild für Ihr Team zu sein.

Sie können Kreativität und Innovation fördern. Technologie ist heute der Schlüssel zum Erfolg. Wenn Sie jemals das Gefühl hatten, kein "kreativer Mensch" zu sein, lehrt Sie die Neuroplastizität, dass wir alle die Fähigkeit haben, innovativ zu sein. Du musst nur trainieren und die Bereiche deines Gehirns füttern, die für die Erschaffung von Dingen verantwortlich sind.

Seite 98

Sie können Ihre Kommunikationsfähigkeiten verbessern. Große Führungskräfte wissen, wie man gut kommuniziert. Die Neurowissenschaft zeigt, dass das Üben von Kommunikationsfähigkeiten die neuronalen Verbindungen mit Empathie und Vertrauen verbessert, wichtige Fähigkeiten für jede Führungskraft.

Die Kraft, Ihren Geist neu zu formen: 4 Möglichkeiten, Führungskräfte zu unterstützen

1. Kognitive Wiederholung: Das Geheimnis der Meisterschaft
Die Neuroplastizität wird vor allem durch Wiederholung aktiviert. Je mehr du übst, desto mehr neuronale Verbindungen entwickeln sich und die Fertigkeit wird einfacher. Als Führungskraft können Sie dies nutzen, um kreative neue Lösungen zu entwickeln oder Ihre eigenen intellektuellen Fähigkeiten zu entwickeln. Das Üben einer schnellen Entscheidungsfindung in Stresssituationen stärkt zum Beispiel den Teil des Gehirns, der schnell und effizient reagieren muss.

2. Meditation und Meditation: Die Kraft der Vorstellungskraft
Es ist wissenschaftlich erwiesen, dass tägliche Meditation oder Meditationspraxis die Fähigkeit des Gehirns erhöht, sich an Veränderungen anzupassen. Dies verbessert nicht nur Ihre psychische Gesundheit, sondern erhöht auch die Aktivität in Bereichen des Gehirns, die mit Empathie, Entscheidungsfindung und emotionaler Regulation zu tun haben. Wenn Sie als Führungskraft Ihren Geist so trainieren, dass er im gegenwärtigen Moment bleibt, ohne sich in Stress oder Frustration zu verlieren, können Sie klügere Entscheidungen treffen und ein Leuchtfeuer der Ruhe für Ihr Team sein.

3. Kontinuierliches Lernen: der Schlüssel zur Evolution
Neuroplastizität steht auch in engem Zusammenhang mit kontinuierlichem Lernen. Jedes Mal, wenn du etwas Neues lernst, schafft dein Gehirn neue Verbindungen. Führungskräfte, die nie aufhören zu lernen, mit den neuesten Branchentrends, Best Practices und neuen Führungsinstrumenten Schritt zu halten, ihre Denkweise stärken und in der Lage sind, sich anzupassen und zu verändern. Hören Sie nicht auf zu wachsen.

4. Emotionale und psychologische Herausforderungen: Treiber des Wandels
Das Verlassen Ihrer Komfortzone ist eine der besten Möglichkeiten, die Neuroplastizität zu fördern. Sich neuen Herausforderungen zu stellen, schwierige Hindernisse zu überwinden und zu lernen, wie man effektiv mit Konflikten umgeht, weckt Teile des Gehirns, von denen man nicht wusste, dass man sie hat. Große Führungskräfte scheuen keine Herausforderungen;

Die überraschenden Vorteile der Einführung von Neuroplastizität in Führungspositionen

Was die meisten Menschen nicht verstehen, ist, dass Neuroplastizität nicht nur das Lernen verbessert, sondern auch die Art und Weise verändern kann, wie man die Welt sieht. Als Führungskraft sind Sie flexibel, flexibel und vor allem verständnisvoll für die Bedürfnisse Ihres Teams.

Bessere Entscheidungsfindung: Wenn Sie Ihr Gehirn trainieren, unter Druck besser zu denken, erhöht sich Ihre Fähigkeit, bessere Entscheidungen zu treffen.

Reduzieren Sie Stress: Wenn Sie lernen, Ihre Emotionen zu kontrollieren und Herausforderungen als

Seite 100

Wachstumschancen zu sehen, wird Stress zu einem Freund, nicht zu einem Feind.

Haben Sie tiefes Einfühlungsvermögen und eine Verbindung zu Ihren Teams: Neuroplastische Führungskräfte wissen, wie sie mit ihren Teams in Kontakt treten, ihre Bedürfnisse verstehen und mit Empathie reagieren können.

Natur und Innovation: Ein Gehirn, das darauf trainiert ist, über den Tellerrand hinauszuschauen, hat die Fähigkeit, neue Lösungen zu finden und sich schnell an Veränderungen anzupassen.

Es ist an der Zeit, Ihre Führung zu ändern!
Die Zukunft der Führung ist nicht vorherbestimmt, sie liegt in Ihren Händen. Ihr Geist hat die Fähigkeit, sich zu verändern und sich an die Herausforderungen des 21. Jahrhunderts anzupassen. Neuroplastizität ist der Schlüssel, um das volle Potenzial einer Führungskraft auszuschöpfen.

Geben Sie sich nicht damit zufrieden, eine durchschnittliche Führungskraft zu sein. Seien Sie die Führungskraft, die inspiriert, die kreiert, die transformiert! Die Welt braucht Führungspersönlichkeiten, die verstehen, dass Veränderung im Kopf beginnt. Sind Sie bereit, Ihre zu ändern?

WAS IST NEUROPLASTIZITÄT UND WARUM IST SIE WICHTIG?

Stellen Sie sich vor, Sie könnten Ihr Gehirn umgestalten, um klüger, stärker, kreativer zu werden und Ziele zu erreichen, die Sie nie für möglich gehalten hätten. Klingt das für Sie nach Science-Fiction? Aber das ist nicht der Fall. Das ist das Versprechen der Neuroplastizität, und das Beste daran: Es ist absolut wahr!

Neuroplastizität ist die erstaunliche Kraft des Gehirns, sich im Laufe des Lebens neu zu organisieren, anzupassen und neue Verbindungen herzustellen. Wir sind nicht mehr an die festen Strukturen gebunden, von denen wir glauben, dass sie unser spirituelles Schicksal bestimmen. Du kannst deine Gedanken und damit dein Leben verändern.

Wenn du jemals geglaubt hast, dass deine Fähigkeiten vorherbestimmt waren, dass deine Persönlichkeit oder Intelligenz unveränderlich war, dann ist es an der Zeit, mit diesen Mythen aufzuräumen. Die Neuroplastizität widerspricht allem, was Sie über das Gehirn zu wissen glaubten. Dieses Konzept der Transformation sagt uns, dass du deine Denkweise anpassen kannst, um die beste Version deiner selbst zu werden.

Die Revolution der Neuroplastizität: Verändern Sie Ihr Gehirn, verändern Sie Ihr Leben
Die Neuroplastizität sagt uns eine klare Tatsache: Unser Gehirn ist keine feste Struktur, sondern verändert sich ständig, auch am Ende unseres Lebens. Das passiert nicht nur, wenn wir Kinder sind, das erwachsene Gehirn hat die Fähigkeit, sich jedes Mal neu zu starten und zu

wachsen, wenn wir etwas Neues lernen oder uns einer herausfordernden Erfahrung stellen.

Aber hier ist die Überraschung: Sie können die Neuroplastizität nutzen, um die Person, die Sie sein wollen, aktiv zu formen! Möchten Sie in schwierigen Zeiten resilienter sein, kreativer bei schwierigen Herausforderungen oder empathischer und vernetzter mit anderen? Neuroplastizität macht es möglich. So wie Ihre Muskeln beim Training stärker werden, reagiert Ihr Gehirn, wenn Sie üben und lernen.

Warum ist Neuroplastizität der Schlüssel zu effektiver Führung?
Wir leben in einer Welt, die sich schneller verändert als je zuvor. Anpassungsfähigkeit ist der Unterschied zwischen Erfolg und Misserfolg. In diesem Fall sind Führungskräfte, die Neuroplastizität verstehen und nutzen, einen Schritt voraus. für? Denn sie wissen, dass Veränderung nicht nur möglich, sondern auch wünschenswert und notwendig ist.

Stellen Sie sich vor, Sie sind eine Führungskraft, die nicht leicht mit Druck umgehen kann, aber gleichzeitig Ihr Team dazu inspiriert, innovativ zu sein, über den Tellerrand hinauszuschauen und außergewöhnliche Ergebnisse zu erzielen. Du kannst dies erreichen, wenn du deinen Geist trainierst, flexibel und stark zu sein.

Es ist nicht nur ein Wortspiel: Neuroplastizität aktiviert Teile des Gehirns für Kreativität, effektive Entscheidungsfindung und Problemlösung. Führungskräfte, die dies verstehen und anwenden, können schneller Entscheidungen treffen, tiefere

Beziehungen zu ihren Teams aufbauen und vor allem mit einer Vision und einem Ziel führen.

Die erstaunlichen Vorteile der Neuroplastizität
Neuroplastizität verschafft Ihnen nicht nur kognitive Vorteile, sondern wirkt sich auch auf tiefere Aspekte Ihres Lebens aus, wie z. B. Ihre Stimmung, Beziehungen und Gesundheit. Hier sind einige überraschende Vorteile dieses wissenschaftlichen Wunderwerks:

Bessere emotionale Widerstandsfähigkeit.
Anstatt auf schwierige Situationen mit Panik oder Verzweiflung zu reagieren, kannst du deinen Geist trainieren, inmitten des Chaos ruhig zu bleiben und klar zu denken. Führungskräfte, die diese Fähigkeiten einsetzen, sind in Zeiten der Unsicherheit effektiver.

Zusätzliche Fähigkeiten.
Neuroplastizität ermöglicht es Ihnen, neue neuronale Verbindungen zu schaffen, was bedeutet, dass Sie in der Lage sind, neue Lösungen für Probleme zu finden. Wenn du jemals das Gefühl hattest, dass Kreativität nicht dein Ding ist, ist es an der Zeit, diese Überzeugung zu ändern.

Verbesserte Entscheidungsfindung.
Ein rationaler Verstand kann Optionen effektiv bewerten und bessere, schnellere Entscheidungen treffen. Keine verwirrenden Entscheidungen mehr. Wenn Sie Ihren Verstand trainieren, können Sie Risiken genauer einschätzen.

Stärken Sie die Beziehungen zwischen Menschen.
Neuroplastizität kann Ihre emotionale Intelligenz steigern. Indem Sie die Bereiche Ihres Gehirns aktivieren, die mit Empathie verbunden sind, können Sie

sich mit anderen verbinden, stärkere Teams aufbauen und eine wirklich inspirierende Führungskraft werden.
Reduzieren Sie Stress und Anspannung.
Ein geschulter Verstand kann lernen, Emotionen zu kontrollieren und die negativen Auswirkungen von Stress zu reduzieren. Neuroplastizität kann Ihre Beziehung zu Stress verändern und Ihnen helfen, selbst in den schwierigsten Zeiten ruhig und klar zu bleiben.

Wie man heute mit der Neuroplastizität beginnt
Das Beste daran ist, dass Sie kein Genie sein oder jahrelang studieren müssen, um die Neuroplastizität in Ihrem Leben freizuschalten. Mit konsequenter Übung kannst du deinen Geist aktiver, mitfühlender und stärker machen. Im Folgenden finden Sie einige wichtige Schritte, um diese Leistung zu nutzen:

Trainieren Sie Ihren Geist.
Wie jeder Muskel braucht auch Ihr Geist Bewegung. Neues zu lernen, Rätsel zu lösen, herausfordernde Bücher zu lesen oder neue Fähigkeiten zu üben, sind großartige Möglichkeiten, die Neuroplastizität freizuschalten.

Meditation und Bewusstsein.
Diese Übungen stärken die neuronalen Verbindungen, die mit der Regulierung von Emotionen und Aufmerksamkeit zusammenhängen. Sie können Ihnen helfen, besser vorbereitet zu sein und fundiertere Entscheidungen zu treffen.

Brich mit deiner Gewohnheit.
Tun Sie etwas, was Sie normalerweise nicht tun würden: Probieren Sie einen neuen Weg aus, um ein Problem zu lösen, oder ändern Sie die Art und Weise, wie Sie es

normalerweise tun. Dies zwingt dein Denken dazu, sich zu ändern und neue Verbindungen herzustellen.

Lernen Sie aus Fehlern.
Scheitern ist eine Gelegenheit, deine Denkweise zu ändern. Wenn Sie vor einer Herausforderung stehen, sollten Sie sich nicht entmutigen lassen, sondern an die neuen neuronalen Verbindungen denken, die Sie aus der Erfahrung herstellen können.

Umgib dich mit Menschen, die dich voranbringen.
Die Verbesserung von Beziehungen und die Förderung gesunder Auseinandersetzungen und Meinungsverschiedenheiten ist eine großartige Möglichkeit, die psychologische Zone zu schaffen, die mit Empathie, Kreativität und Problemlösung verbunden ist.

Seite 106

GEHIRNTRAINING ZUR ENTWICKLUNG NEUER FÄHIGKEITEN

Durchbreche die Grenzen deines Geistes und entfessle dein Potenzial!

Was wäre, wenn ich dir sagen würde, dass du die Fähigkeit hast, dein Gehirn neu zu verdrahten, um jede Fähigkeit zu erlernen, egal wie schwierig es ist? Trauen Sie sich zu glauben, dass Sie neue Fähigkeiten erlernen, Ihre Leistung verbessern und die Grenzen dessen verschieben können, was Sie für möglich hielten?

Es ist an der Zeit, einschränkende Glaubenssätze in Frage zu stellen!

Das menschliche Gehirn ist leistungsfähiger, als man denkt. Mit Gehirntraining entwickelst du nicht nur neue Fähigkeiten, sondern revolutionierst auch dein Leben. Egal, ob Sie eine neue Sprache lernen, ein Instrument erlernen, Ihre Führungsqualitäten verbessern oder sogar Ihre Kreativität auf ein unvorstellbares Niveau bringen möchten, Ihr Gehirn hat die Fähigkeit, sich anzupassen, zu verändern und weiterzuentwickeln. Die Hauptsache ist, zu lernen, wie man diese Kraft nutzt.

Heute zeige ich Ihnen, wie Gehirntraining das geheime Werkzeug sein kann, um Fähigkeiten freizuschalten, von denen Sie nie gedacht hätten, dass Sie sie entwickeln könnten. Und das Beste: Sie können jetzt loslegen!

Die Kraft der Neuroplastizität: Das Geheimnis, um Ihre Meinung zu ändern

Wussten Sie, dass Ihr Gehirn kein feststehendes Objekt ist, sondern ein dynamisches Organ, das sich ständig verändert? Dieses Phänomen wird als Neuroplastizität bezeichnet und ermöglicht es dem Gehirn, zu lernen, zu wachsen und neue Fähigkeiten zu erwerben.

Viele Jahre lang ging man davon aus, dass sich unser Gehirn mit zunehmendem Alter nicht mehr entwickelt. Aber das ist ein Mythos! Neuroplastizität deutet darauf hin, dass wir im Laufe unseres Lebens immer wieder neue Verbindungen und Fähigkeiten entwickeln können. Jedes Mal, wenn Sie etwas Neues lernen, organisiert sich Ihr Gehirn neu und schafft neue neuronale Bahnen, wodurch Fähigkeiten entstehen, die zuvor unmöglich zu erreichen schienen.

Möchten Sie zum Beispiel Ihre Fähigkeit verbessern, unter Druck schnelle Entscheidungen zu treffen? Ihr Gehirn ist dazu in der Lage, aber es muss trainiert werden. Sind Sie auf der Suche nach kreativen oder unternehmerischen Fähigkeiten? Es ist absolut möglich! Das Geheimnis besteht darin, wie Sie Ihr Gehirn herausfordern und trainieren können, um sich zu verändern und zu wachsen.

Wie funktioniert Gehirntraining?
Gehirntraining ist keine Zauberei. Das ist reine Wissenschaft. So wie wir unsere Muskeln trainieren, um zu wachsen und sich zu stärken, beinhaltet das Training unseres Gehirns Gewohnheiten, Wiederholungen und stimulierende Aktivitäten, um das Gehirn zu verändern und zu lernen. Aber es geht nicht nur darum, etwas zu lernen: Es geht darum, zu lernen, wie man Gewinne maximiert.

Im Folgenden finden Sie einige Möglichkeiten, wie Gehirntraining Ihnen helfen kann, neue Fähigkeiten zu entwickeln:

1. Fordere dein Gehirn mit neuen Erfahrungen heraus.
Der Schlüssel zum Wachstum des Gehirns liegt darin, seine Komfortzone zu verlassen. Wenn Sie immer wieder das Gleiche tun, wird Ihr Gehirn schließlich dem gleichen Muster folgen. Aber wenn Sie vor einer neuen Herausforderung stehen, wie z.B. etwas Neues zu lernen oder ein komplexes Problem zu lösen, aktivieren Sie Teile Ihres Gehirns, die vorher nicht genutzt wurden. Es schafft neue neuronale Verbindungen, die Ihre Lern- und Anpassungsfähigkeit verbessern.

Wenn Sie sich zum Beispiel entscheiden, ein Instrument spielen zu lernen, entwickelt Ihr Gehirn neue neuronale Bahnen, um Ihre Hände zu koordinieren, Musik zu spielen und Geräusche und Noten zu verstehen. Auch wenn es auf den ersten Blick schwierig erscheinen mag, werden sich mit regelmäßiger Übung die Bindungen stärken und Ihre Fähigkeiten werden sich schnell verbessern.

2. Bewusstes Handeln: Es reicht nicht aus, es muss regelmäßig getan werden.
Diskussionen sind eine der effektivsten Methoden, um neue Fähigkeiten zu entwickeln. Es konzentriert sich auf bestimmte Bereiche, die verbessert werden müssen, und investiert Zeit und Mühe, um diese zu verbessern. Wenn du etwas tust, ohne es genau zu beobachten, wirst du nicht viel Erfolg haben. Aber wenn Sie sich mit klarer Absicht und ständigem Feedback bewegen, wird sich Ihr Gehirn schnell anpassen, wenn Sie sich auf den Lernprozess einlassen.

3. Wiederholung: Trainieren Sie Ihr Gehirn durch Wiederholung.
Das Gehirn benötigt ständige Wiederholung, um neue neuronale Verbindungen zu stärken. Es ist wie beim Training im Fitnessstudio: Deine Muskeln sind anfangs schwach, aber mit der Zeit und den Wiederholungen werden sie stärker. Das Gleiche gilt für kognitive Fähigkeiten wie Entscheidungsfindung, Problemlösung oder Sprachenlernen.

Jedes Mal, wenn Sie eine Fähigkeit üben, wie z. B. eine neue Sprache oder eine künstlerische Fähigkeit, stärkt Ihr Gehirn die Verbindungen, die mit diesem Prozess verbunden sind. Je öfter Sie dies wiederholen, desto einfacher wird es für Sie sein, zu handeln oder Entscheidungen zu treffen, ohne zu viel nachzudenken. Mit der Zeit werden neue Fähigkeiten zur zweiten Natur.

4. Visualisierung: Trainieren Sie Ihren Geist für den Erfolg.
Visualisierung ist eine leistungsstarke Technik, die von Sportlern und Hochleistungsprofis verwendet wird, um ihre Fähigkeiten zu verbessern. Indem du eine neue Fähigkeit in deinem Gehirn entwirfst, aktivierst du den Teil deines Gehirns, mit dem du sie ausführst. Dadurch kann Ihr Gehirn in der realen Welt besser funktionieren.

Zum Beispiel kann eine Führungskraft, die jeden Schritt einer erfolgreichen Präsentation visualisiert, ihr Gehirn trainieren, um ihre Kommunikationsfähigkeiten zu verbessern, Nervosität zu reduzieren und das Selbstvertrauen zu stärken. Visualisierung ist eine mentale Übung, die den Lernprozess beschleunigt und dich dem Verständnis näher bringt.

Seite 110

Erstaunliche Vorteile von Gehirntraining
Es geht nicht nur darum, neue Fähigkeiten zu erlernen. Gehirntraining hat folgende Vorteile:

Erhöhte Konzentration und Effizienz. Indem Sie Ihr Gehirn darauf trainieren, sich auf eine bestimmte Aufgabe zu konzentrieren, können Sie Ihre Konzentrationsfähigkeit verbessern und somit produktiver sein.

Initialisieren Sie den Speicher. Regelmäßige mentale Übungen stärken das Kurz- und Langzeitgedächtnis und ermöglichen es Ihnen, sich wichtige Informationen schnell und effektiv zu merken.

Reduzieren Sie Stress und Ängste. Praktiken wie Meditation und Achtsamkeit können dein Gehirn trainieren, deine Emotionen zu regulieren und es dir leichter machen, mit Stress umzugehen.

Entwicklung der Kreativität. Indem Sie Ihr Gehirn herausfordern, auf neue Weise zu denken, öffnen Sie die Tür zu endloser Kreativität und ermöglichen es Ihnen, Probleme und Herausforderungen aus einer neuen Perspektive anzugehen.

DAS GROWTH MINDSET ANGEWANDT AUF FÜHRUNG.

Transformieren Sie Ihr Potenzial und das Potenzial Ihres Teams

Haben Sie sich jemals gefragt, was große Führungskräfte von mittelmäßigen unterscheidet? Was haben Menschen gemeinsam, die immer einen Schritt voraus sind, sich schnell an Veränderungen anpassen, Hindernisse überwinden und ihre Teams zum Erfolg führen? Die Antwort liegt in einer einfachen, aber wirkungsvollen Denkweise: Wachstum.

Wenn Sie immer noch glauben, dass Talent und Führungsqualitäten natürliche Qualitäten sind, ist es an der Zeit, diese Überzeugung zu überdenken. Die Wissenschaft hinter einem Growth Mindset zeigt, dass wahre Führung nicht auf bestimmten Fähigkeiten basiert, sondern auf dem Glauben, dass man immer lernen, sich anpassen und verändern kann. Diese Einstellung verändert alles, was Sie darüber wissen, was es bedeutet, eine Führungskraft zu sein.

Was bedeutet Wachstumsaussicht?
Der Begriff Growth Mindset wurde von der Psychologin Carol Dweck populär gemacht. Es zeigte sich, dass Menschen, die glauben, dass ihre Fähigkeiten und Fertigkeiten durch Anstrengung, Ausdauer und Lernen entwickelt werden können, erfolgreicher sind als diejenigen, die glauben, dass ihre Talente fest und unveränderlich sind.

Seite 112

Wachstumsorientierte Führungskräfte verstehen, dass Scheitern nicht das Ende ist, sondern eine Chance zu lernen und zu wachsen. Diese Haltung ermutigt sie, jede Herausforderung als Schritt zum Erfolg und nicht als unüberwindbares Hindernis zu sehen. Und das Beste daran: Sie können diese Ideen jederzeit in Ihrem Leben anwenden.

Im Kontext der Führung bedeutet eine wachstumsorientierte Denkweise zu glauben, dass es als Führungskraft immer etwas Neues zu lernen gibt, dass es immer einen Weg gibt, die Strategie, die Kommunikation, den Einfluss und die Fähigkeit, ein Team zu motivieren, zu verbessern. Und das ist der erste Schritt zu einer echten Veränderung!

Warum ist ein Growth Mindset wichtig für eine erfolgreiche Führung?
1. Wachstumsorientierte Führungskräfte sind anpassungsfähiger
In einer Welt, die sich mit Lichtgeschwindigkeit verändert, ist die Fähigkeit, sich schnell anzupassen, der Schlüssel zum Erfolg. Traditionelle Führungskräfte, die eine starre Denkweise haben, sehen Veränderungen als Bedrohung. Wachstumsorientierte Führungskräfte hingegen sehen darin eine Chance.

Wenn eine Führungskraft eine wachstumsorientierte Denkweise hat, wird sie durch Herausforderungen motiviert, nicht durch Einschüchterung. So können sie agil führen, Krisen effektiv bewältigen und neue Chancen vor allen anderen ergreifen. Anstatt sich gegen Innovationen zu sträuben, begrüßen sie Veränderungen als eine Möglichkeit, sich und ihre Teams zu verbessern.

Diese Art des Denkens macht gute Führungskräfte zu großartigen Führungskräften. Wer versteht, dass Lernen nie endet und dass es immer Raum zum Wachsen gibt, wird zu Vorbildern für sein Team. Egal, wie viele Jahre Sie schon führen, es wird immer etwas Neues zu lernen geben, das Sie auf die nächste Stufe bringt.

2. Wachstumsmentalität fördert Resilienz
Resilienz ist eine der wichtigsten Eigenschaften einer guten Führungskraft. Führungskräfte mit einer festen Denkweise nehmen Misserfolge oft persönlich: "Ich bin nicht gut darin" oder "Ich wurde nicht geboren, um das zu tun", aber Führungskräfte mit einer wachstumsorientierten Denkweise sehen das Scheitern als Lektion. Sie wissen, dass jeder Herbst eine Gelegenheit ist, stark aufzuwachen.

Starke Führungskräfte geben in schwierigen Situationen nicht auf. Anstatt aufzugeben oder Angst vor dem Scheitern zu haben, suchen Sie nach Möglichkeiten, sich zu verbessern. Resilienz ist das, was es großartigen Führungskräften ermöglicht, unter Druck ruhig zu bleiben und ihre Teams zu effektiven Lösungen zu führen.

Die Welt ist voller Unsicherheit. Führungskräfte, die eine wachstumsorientierte Denkweise annehmen, werden in schwierigen Zeiten erfolgreich sein, weil sie Probleme als Chancen zum Lernen und Wachsen sehen.

3. Wachstumsorientierte Führungskräfte motivieren ihre Teams zum Wachstum
Wachstumsorientierte Führungskräfte kümmern sich nicht nur um ihr eigenes Wachstum, sondern motivieren auch ihre Teams, dasselbe zu tun. Bei wahrer Führung

geht es nicht darum, der Beste zu sein, sondern darum, andere zu ermutigen und eine Kultur des Wachstums innerhalb des Teams aufzubauen.

Wenn eine Führungskraft ein Umfeld pflegt, in dem kontinuierliches Lernen eine Selbstverständlichkeit ist, fühlen sich die Teammitglieder befähigt, neue Herausforderungen anzunehmen und ihre Fähigkeiten weiterzuentwickeln. Das steigert nicht nur die Produktivität und Leistungsfähigkeit, sondern stärkt auch die Loyalität und Zufriedenheit der Mitarbeiter.

Darüber hinaus fördern Führungskräfte mit einer wachstumsorientierten Denkweise Zusammenarbeit und Teamarbeit und verstehen, dass gemeinsames Lernen eine Kultur der gegenseitigen Unterstützung und des Wachstums schafft.

4. Die wachstumsorientierte Denkweise treibt Innovation voran

Innovation ist eine wichtige Eigenschaft jeder Führungskraft, die nicht nur überleben, sondern auch gedeihen will. Willensstarke Führungskräfte neigen dazu, an traditionellen Methoden festzuhalten und Risiken zu fürchten. Im Gegensatz dazu sind wachstumsorientierte Führungskräfte ständig auf der Suche nach neuen Wegen, Dinge zu tun.

Kreativität bedeutet nicht nur, über neue Ideen nachzudenken, sondern auch die Bereitschaft, zu scheitern und aus diesen Fehlern zu lernen. Mit einer wachstumsorientierten Denkweise sind Führungskräfte in der Lage, Veränderungen vorzunehmen, neue Strategien zu testen und innovative Lösungen für komplexere Probleme zu finden.

Wie können Sie ein Growth Mindset in Ihrer Führung umsetzen?

Hier sind einige praktische Schritte, um eine wachstumsorientierte Denkweise in Ihren Führungsstil aufzunehmen:

1. Nehmen Sie Herausforderungen an

Eine wachstumsorientierte Denkweise wird von Herausforderungen angetrieben. Sucht keinen Trost; Suchen Sie nach Wachstumsmöglichkeiten. Nehmen Sie die schwierigsten Projekte an und seien Sie ein Beispiel für Durchhaltevermögen für Ihr Team.

2. Lernen Sie aus Fehlern

Scheitern ist nicht der Feind. Er ist Lehrer. Wenn die Dinge nicht so laufen, wie du willst, solltest du dich fragen, anstatt aufzugeben oder dich selbst zu bestrafen: Was kann ich daraus lernen? Welche Teile des Prozesses kann ich verbessern?

3. Fördern Sie kontinuierliches Lernen

Investieren Sie in sich und Ihr Team. Erlernen Sie neue Fähigkeiten, aktualisieren Sie sie und suchen Sie immer nach Möglichkeiten, Ihr Wissen und Ihre Fähigkeiten zu erweitern. Denken Sie daran, dass das Lernen nie endet.

4. Fördern Sie den Fortschritt, nicht die Perfektion

Fortschritt, nicht Perfektion, ist das Kennzeichen von Führung und Vision. Feiern Sie jeden Durchbruch, jede Errungenschaft, egal wie klein sie ist. Dieser Prozess gibt die Motivation und Energie, die es braucht, um weiter zu wachsen.

5. Pflegen Sie eine Kultur des Wachstums

Als Führungskraft haben Sie die Möglichkeit, eine Kultur des Wachstums in Ihrem Team zu verankern. Es fördert kontinuierliches Lernen, Zusammenarbeit und Kreativität. Akzeptieren Sie das Scheitern als Teil des kreativen Prozesses und ermutigen Sie alle, kontinuierlich zu lernen und sich zu verbessern.

Es ist an der Zeit, Ihre Führung zu wechseln
Eine wachstumsorientierte Denkweise ist mehr als eine Strategie. Es ist eine Lebens- und Trainingsweise. Große Führungskräfte werden nicht mit einer Gabe geboren, aber sie sind in der Lage, jeden Tag zu wachsen, zu lernen und sich zu verbessern.

Es ist an der Zeit, die Glaubenssätze loszulassen, die dich davon abhalten, dein Potenzial auszuschöpfen. Eine wachstumsorientierte Denkweise ist der Weg, um eine effektive, intelligente und widerstandsfähige Führungskraft zu werden.

Wenn Sie die Führungskraft sein wollen, die Sie schon immer sein wollten – jemand, der Ihr Team dazu inspiriert, neue Höhen zu erreichen, Herausforderungen mutig angeht und immer nach Veränderungen strebt – dann handeln Sie jetzt. Tun Sie es jetzt! Halte für nichts an. Die Zukunft der Führung liegt in Ihren Händen!

Der Verstand einer Führungskraft

ENTSCHEIDUNGSFINDUNG IN UNSICHERHEITSSZENARIEN

Die Macht, im Chaos mit Zuversicht zu entscheiden

Stellen Sie sich Folgendes vor: Sie stehen vor einem kritischen Punkt; Ein Moment, in dem jede Entscheidung die Macht hat, die Zukunft zu verändern, aber Sie haben nicht alle Informationen. Sie haben nicht alle Antworten. Die Zukunft sieht kompliziert aus, die Gefahr ist ungewiss und der Weg vor uns ist wolkig. Du fühlst dich gefangen von der Angst vor dem Scheitern und dem Druck, schnell zu handeln.

Was würden Sie in dieser Situation tun?

Wenn Sie wie die meisten Menschen sind, sind Sie wahrscheinlich gelähmt. Unsicherheit ist gefährlich. Aber hier ist die Herausforderung: Gute Führungskräfte und Fachkräfte lassen sich nicht von der Unsicherheit lähmen. Stattdessen kontrollieren sie sie, verstehen sie und nutzen sie zu ihrem Vorteil. Entscheidungen unter Bedingungen der Unsicherheit zu treffen, ist nicht nur eine Herausforderung, sondern auch eine Fähigkeit, die man meistern kann.

Sie können es auch tun.

Es ist an der Zeit, die Angst vor der Ungewissheit beiseite zu legen und sich an dein Herz zu wenden, um mit Zuversicht zu handeln. Entscheidungen im Dunkeln zu treffen ist eine Kunst und du kannst sie meistern!

Seite 118

Das Konzept von Sicherheit und Wahrheit
Wir leben in einer Welt, in der die Wahrheit geschätzt wird. Überall wird uns gesagt, dass "alles unter Kontrolle sein muss" und dass detaillierte Planung und Forecasting der Schlüssel zum Erfolg sind. Was passiert also, wenn das Leben nicht dem perfekten Drehbuch folgt?

Was wahr ist, ist das, was unbekannt ist, was nicht wahr ist. Wir leben in einem sich wandelnden Umfeld, in dem sich die Märkte verändern, Trends sich weiterentwickeln, Ressourcen knapp werden und unvorhersehbare Bedingungen entstehen. Diese Ungewissheit kann uns Sicherheit geben, aber sie kann auch die wichtigste und transformativste Entscheidung sein.

Wir können nicht alles kontrollieren, aber wir können unsere Emotionen gegenüber dem Unbekannten kontrollieren.

Die erfolgreichsten Führungskräfte in der Geschäfts- und Privatwelt sind nicht immer diejenigen, die über das meiste Wissen oder die richtigen Antworten verfügen. Auch wenn sie nicht alle Antworten haben, handeln sie selbstbewusst und managen Risiken effektiv.

Die Forschung hinter der Entscheidungsfindung unter Unsicherheit
Die Untersuchung der Entscheidungsfindung unter Unsicherheit basiert auf zwei Prinzipien: Informationstransfer und hohes Risiko. Beide Konzepte werden durch die Neurowissenschaften und die Kognitionspsychologie gestützt und sind wichtig für eine gute Entscheidungsfindung im Kopf.

Der Verstand einer Führungskraft

1. Adaptive Kognition: die Fähigkeit, über das Vorhersehbare hinaus zu denken

Adaptive Kognition ist die Fähigkeit des Gehirns, sich an neue Informationen anzupassen und sich schnell zu verändern, wenn die Umgebung dies erfordert. In Situationen der Unsicherheit wird unser Gehirn mit unvollständigen Informationen konfrontiert, aber es sucht auch nach Mustern und trifft Vorhersagen auf der Grundlage dessen, was es weiß, auch wenn es nicht ausreicht.

Loyale Führungskräfte können schnelle und effektive Entscheidungen treffen, auch wenn sie das Ergebnis nicht mit Sicherheit sehen können. Anstatt gelähmt zu sein, tun sie ihr Bestes mit den Informationen, die sie haben, und passen den Kurs an, wenn sich die Bedingungen ändern. Diese Flexibilität ermöglicht es guten Führungskräften, in einem Umfeld der Unsicherheit erfolgreich zu sein.

Risikobereitschaft: die Fähigkeit, das Unbekannte zu akzeptieren

Die Angst vor Risiken hält viele Menschen davon ab, angesichts der Unsicherheit zu handeln. Risiken können uns lähmen oder dazu führen, dass wir schlechte Entscheidungen treffen, aber das Wichtigste ist, zu verstehen, dass Risiko Teil des Erfolgs ist. Wichtig ist nicht, das Risiko zu eliminieren, sondern es effektiv zu managen.

Risikotoleranz bedeutet nicht, schuld zu sein; Es bedeutet, bereit zu sein, ins Unbekannte zu gehen, in dem Wissen, dass wir, auch wenn wir keine klare Karte der Zukunft haben, die Werkzeuge haben, um im Dunkeln zu gehen. Eine risikoreiche Führungskraft trifft keine übereilten Entscheidungen, aber sie lässt sich auch nicht von der Angst vor der Unsicherheit verzehren. Machen

Sie sich bewusst, dass jede Entscheidung, auch die, die riskant erscheint, eine Gelegenheit ist, zu lernen und sich zu verbessern.

Wie trifft man in Zeiten der Unsicherheit die richtigen Entscheidungen?
1. Akzeptiere Unsicherheit als Freund
Ungewissheit ist nicht dein Feind, sie ist dein bester Freund. Wenn Sie wissen, dass die volle Kontrolle eine Überraschung ist, können Sie den Druck loslassen, alle Antworten zu haben. Das Unbekannte zu akzeptieren, gibt dir die Freiheit, Entscheidungen zu treffen, ohne Angst vor dem Scheitern zu haben. Dies ist der erste Schritt, um mit Zuversicht voranzukommen.

Wichtige Frage: Was erreiche ich, wenn ich diese Unsicherheit akzeptiere und sie für Entscheidungen nutze?

2. Entwickeln Sie die Fähigkeit, schnelle Entscheidungen zu treffen und sich ständig anzupassen
In Zeiten der Unsicherheit kann die Analyselähmung der schlimmste Feind sein. Die beste Entscheidung ist nicht die beste Entscheidung, aber eine schnelle Entscheidung ermöglicht es Ihnen, voranzukommen und Anpassungen vorzunehmen. Warten Sie nicht auf alle Informationen, sondern nutzen Sie die verfügbaren Informationen, um die beste Entscheidung zu treffen und den Kurs gegebenenfalls zu korrigieren.

Wichtige Frage: Was ist das Schlimmste, was mir passieren kann, wenn ich mich jetzt entscheide?

3. Priorisieren Sie Handeln vor Perfektion

Perfektion ist der Feind des Erfolgs, vor allem, wenn die Zeit begrenzt ist. Anstatt nach der besten Lösung zu suchen, konzentrieren Sie sich darauf, etwas zu tun und weiterzumachen. Es zeigt sich, dass schnelle und schlechte Entscheidungen oft effektiver sind als unsichere.

Ursprüngliche Frage: Was kann ich jetzt tun, um der Lösung näher zu kommen, auch wenn sie nicht perfekt ist?

4. Vertrauen Sie Ihrer Intuition und Ihrem Wissen
Verstehen ist am nützlichsten, wenn wir auf Unsicherheit stoßen. Als Führungskraft bringen Sie viel Wissen und Erfahrung mit, und Ihre Fähigkeit, Ihre Vorstellungskraft zu nutzen, kann wichtig sein, um in unsicheren Situationen gute Entscheidungen zu treffen.

Wichtige Frage: Was sagt mir mein Bauchgefühl gerade, basierend auf meiner Erfahrung?

5. Lernen Sie aus jeder Entscheidung
Denken Sie daran, dass es in Zeiten der Unsicherheit so etwas wie eine "falsche" Entscheidung nicht gibt; Jede Entscheidung ist ein Lernprozess. Wenn die Ergebnisse nicht Ihren Vorstellungen entsprechen, analysieren Sie, was passiert ist, passen Sie Ihren Ansatz an und machen Sie weiter. Wahre Weisheit kommt aus Erfahrung, nicht aus Perfektion.

Wichtige Frage: Was kann ich aus diesem Ergebnis lernen, ob es erfolgreich war oder nicht?

Arbeitszeit jetzt

Seite 122

Die Unsicherheit ist nicht verschwunden. Wir leben in einer unsicheren und unvorhersehbaren Welt, und die Fähigkeit, selbstbewusste Entscheidungen zu treffen, ist eine der wichtigsten Willenskraftfähigkeiten. Die Zukunft wartet nicht, und wenn Sie warten, bis die Unsicherheit verschwunden ist, bevor Sie eine Entscheidung treffen, verpassen Sie eine wichtige Chance.

Heute ist Kontrolltag. Sei mutig. Nutzen Sie Unsicherheit, um zu wachsen, zu lernen und voranzukommen. Jede Entscheidung, die du heute triffst, bringt dich der Person näher, die du morgen sein kannst.

Tun Sie es jetzt! Unsicherheit ist ein fruchtbarer Boden, auf dem große Führungskräfte ihre Profite säen. Es ist an der Zeit, Ihre eigenen zu pflanzen.

WIE DAS GEHIRN RISIKEN UND AMBIGUITÄT VERARBEITET

Meistern Sie die Kunst, mutige Entscheidungen zu treffen

Stellen Sie sich vor: Sie stehen vor einer wichtigen Entscheidung, die Ihr Leben oder Ihre Karriere verändern könnte. Es liegen zwei Wege vor Ihnen, aber das Problem ist, dass Sie die Zukunft nicht sehen können. Beide

Methoden sind unsicher und riskant. Die Folgen von Fehlern sind schwerwiegend, aber die lähmende Angst und Unentschlossenheit können noch verheerender sein. Was machst du?

Willst du aufhören? Erlauben Sie sich, in der Analyselähmung stecken zu bleiben, in der Hoffnung, alle Antworten zu haben, bevor Sie es tun? Oder haben Sie den Mut, aufzustehen und eine mutige Entscheidung zu treffen, auch wenn Sie sich nicht sicher sind, wer es ist?

Wenn Sie schon einmal auf dieses Problem gestoßen sind, wissen Sie, dass Unsicherheiten und Risiken auftreten können. Aber niemand sagt Ihnen die Wahrheit, dass Risiken und Unsicherheiten unvermeidlich sind. Aber am wichtigsten ist, dass Sie Ihr Gehirn trainieren können, um bessere und schnellere Entscheidungen zu treffen, selbst wenn Sie nicht alle Antworten haben.

Das ist die Macht, die große Führungskräfte und Entscheidungsträger verstehen. Sie werden nicht warten, bis die Dinge klar sind, bevor sie handeln. Sie trainieren sich darin, die Realität zu überprüfen und Entscheidungen zu treffen, ohne Angst vor dem Scheitern zu haben. Das können Sie auch.

Warum haben wir Angst vor Risiken und Unsicherheiten? Um zu verstehen, wie die Funktionsweise des Gehirns riskant und verwirrend ist, müssen wir zunächst die Annahmen dieser Konzepte aufschlüsseln. Das menschliche Gehirn ist darauf ausgelegt, uns zu schützen, und das Gefühl der Unsicherheit aktiviert einen der wichtigsten Teile des Gehirns, die Amygdala. Diese Struktur ist Teil des limbischen Systems und spielt eine

Rolle bei unserer Reaktion auf Emotionen, insbesondere Angst.

Die Amygdala schlägt Alarm, wenn wir mit Gefahr oder einer unsicheren Entscheidung konfrontiert sind. Das Gehirn warnt uns vor realen oder vermeintlichen Bedrohungen. Deshalb besteht unsere Strategie darin, in unsicheren Zeiten der Zukunft Risiken zu vermeiden, sich für Sicherheit zu entscheiden und in unserer Komfortzone zu bleiben. Dieser Beschützerinstinkt hat sich entwickelt, um uns zu helfen, in einer gefährlichen Welt zu überleben, aber in der heutigen Gesellschaft kann dieser Instinkt zu einer Bremse werden, wenn wir eine schnelle und mutige Entscheidung treffen müssen.

Was passiert in unserem Gehirn, wenn wir uns entscheiden, Risiken einzugehen?
Das Gehim produziert nicht nur Angst als Reaktion auf Risiken, sondern nutzt auch viele Bereiche, um zu berechnen, zu analysieren und zu entscheiden, was zu tun ist. Die beiden Hauptbereiche sind:

1. Präfrontaler Kortex: Zentrum für Entscheidungsfindung und Entscheidungsfindung
Konfrontiert mit einer gefährlichen Entscheidung, kommt der präfrontale Kortex (der neueste, das Gehirn der meisten von uns) ins Spiel. Dies ist die Grundlage unseres Denkens, in dem wir die Belohnungen und Konsequenzen jeder Wahl bewerten. Hier werden Meinungen eingeholt und wir finden Informationen, um Entscheidungen zu treffen.

Aber die Sache ist die: Wenn der präfrontale Kortex dafür verantwortlich ist, Wertentscheidungen zu treffen, steht er in ständigem Wettbewerb mit der Amygdala, die impulsive, auf Angst basierende Entscheidungen trifft. Das Gleichgewicht zwischen den beiden Teilen des Gehirns wird darüber entscheiden, ob wir gute Entscheidungen treffen oder uns der Angst erliegen lassen.

2. Nucleus accumbens: Der Sitz von Belohnung und Motivation
Der Nucleus Accumbens spielt eine wichtige Rolle für unsere Persistenz. Dieser Teil des Gehirns wird mit dem Gefühl der Belohnung in Verbindung gebracht und ist ein Bereich, der aktiviert wird, wenn wir an Ergebnisse denken, wie z. B. die Freude oder Zufriedenheit über das Erreichen eines Ziels.

Risiko ist nicht immer schlecht. Tatsächlich ist das menschliche Gehirn so konzipiert, dass es auch dann belohnungsmotiviert ist, wenn Unsicherheit herrscht. Wenn wir Risiken im Laufe der Zeit wahrnehmen können, kann der Akkumulatorkern ein Gefühl der Motivation erzeugen, das uns antreibt, in unsicheren Situationen zu handeln.

Wie treffen Sie fundierte Entscheidungen in einer Welt voller Risiken und Komplexität?
Wie trainieren Sie also Ihr Gehirn, um besser mit Risiken und Unsicherheiten umgehen zu können? Hier sind einige neurowissenschaftliche Tipps, die Sie heute nutzen können, um bessere Entscheidungen zu treffen:

1. Angst erkennen und bewältigen
Angst ist die Reaktion des Gehirns auf Unsicherheit, aber es muss dich nicht kontrollieren. Wichtig ist, zu erkennen, wann Angst die Entscheidungsfindung blockiert, und sie für wirksames Handeln zu öffnen.

Atmen Sie tief durch und halten Sie inne. Entscheidungen, die unter Stress getroffen werden, werden oft in Zeiten emotionalen Stresses getroffen. Die Amygdala kann mächtig sein, aber du hast die Macht, sie zu beruhigen. Üben Sie eine Selbsteinschätzung, um zu sehen, welche Arten von Verhaltensweisen Ihre Entscheidungen leiten. Dieses emotionale Bewusstsein ermöglicht es Ihnen, Ihre Ängste zu kontrollieren und sich auf sie zu konzentrieren.

2. Ändern Sie die Art und Weise, wie Sie über Risiken denken
Große Führungskräfte sehen Risiken nicht als etwas, das es zu vermeiden gilt, sondern als Chance. Ersetzen Sie Angst durch Neugierde. "Was, wenn ich nicht kann?" Fragen Sie sich: "Was ist, wenn das funktioniert?" Fangen Sie an zu fragen. Alle Risiken sind wertvoll, und Sie können mentale Belohnungen freisetzen, indem Sie die Konsequenzen bedenken, die sich aus mutigen Entscheidungen ergeben. Richten Sie Ihre Denkweise so um, dass Sie Risiken als Investition in Ihr Wachstum betrachten.

3. Treffen Sie Entscheidungen auf der Grundlage von Daten, nicht von Emotionen
Wenn Angst und Emotionen bei der Entscheidungsfindung eine Rolle spielen, spielen auch Daten und Emotionen eine Rolle. Nutzen Sie Ihren präfrontalen Kortex zu Ihrem Vorteil. Anstatt sich nur auf sich selbst zu verlassen, versuchen Sie, die verfügbaren Informationen zu analysieren und eine fundierte Entscheidung zu treffen. Gute Führungskräfte machen sich keine Sorgen über Unsicherheiten, sondern engagieren sich stattdessen für kluge Pläne und Veränderungen.

4. Akzeptieren Sie Unsicherheit als Teil des Proesses
Hier passiert die wahre Magie. Unsicherheit ist kein Hindernis; Es ist der Rohstoff für Wachstum und Innovation. Anstatt zu versuchen, der Verwirrung zu entkommen, nutzen Sie die Verwirrung als Gelegenheit, zu lernen und zu wachsen. Suchen Sie nicht nach absoluten Werten. Suchen Sie nach kleinen, messbaren Kennzahlen, die Sie im Laufe der Zeit anpassen können.

5. Bauen Sie mentale Widerstandsfähigkeit auf
Es ist nicht einfach, Entscheidungen in Situationen der Gefahr und Unklarheit zu treffen, aber die mentale Stabilität ermöglicht es Ihnen, sich schnell von Misserfolgen zu erholen und sich an neue Situationen anzupassen. Resilienz ist eine Fähigkeit, die erlernt wird. Entwickeln Sie Ihre Fähigkeit, mit Stress umzugehen, mit einem positiven, lösungsorientierten Ansatz.

Jetzt ist es an der Zeit zu handeln!
Die Gefahren und Komplikationen nehmen kein Ende, aber Sie können Ihr Gehirn trainieren, mit ihnen mit Zuversicht, Klarheit und Effektivität umzugehen. Die Zukunft ist ungewiss, und das ist der Ort, an dem große Führungskräfte erfolgreich sein können. Risiko und Komplexität sind Ihre Verbündeten, nicht Ihre Feinde.

Es ist an der Zeit, nicht mehr auf den "richtigen Zeitpunkt" zu warten. Perfektion gibt es nicht. Die wahre Magie liegt in der Aktion, darin, den Mut zu haben, Entscheidungen zu treffen, auch wenn man nicht alle Antworten hat.

Dein Gehirn ist darauf vorbereitet. Dies ist auch Ihre Zeit.

Seite 128

James Lass

NEUROLOGISCHE STRATEGIEN ZUR ENTSCHEIDUNG IN KRITISCHEN SITUATIONEN

Die Wissenschaft des Handelns unter Druck

Sind Sie schon einmal mit einer Situation konfrontiert gewesen, in der Ihre Zukunft von einer Entscheidung abhängt, die Sie sofort treffen müssen? Vielleicht ist es eine Geschäftsmöglichkeit, die Sie sich nicht entgehen lassen können, oder ein persönliches Problem, das Sie zum Handeln zwingt. Zu diesem Zeitpunkt kann der Druck so hoch sein, dass es leicht ist, die Untersuchung der Organe zu beeinträchtigen. Wir zögern, in der Hoffnung, dass die perfekte Antwort auf magische Weise erscheint.

Aber lassen Sie mich Ihnen eines mit Sicherheit sagen: Sie brauchen keine perfekte Antwort. Was Sie brauchen, ist die Fähigkeit, schnelle und effektive Entscheidungen zu treffen, auch wenn Sie nicht über alle Informationen verfügen. Ja, sie können trainiert werden.

Die Wissenschaft der Entscheidungsfindung unter Druck

Das menschliche Gehirn ist darauf ausgelegt, Entscheidungen zu treffen. Wenn wir jedoch mit einem ernsthaften Problem konfrontiert werden, prallen die Entscheidungsprozesse unseres Gehirns aufeinander. Auf der einen Seite haben wir den präfrontalen Kortex, der dafür verantwortlich ist, logische und logische Entscheidungen zu treffen, und auf der anderen Seite haben wir die Amygdala, die instinktiv auf Angst und Panik reagiert.

Der präfrontale Kortex ist das Zentrum unseres bewussten, kontrollierten Geistes, in dem wir Recht und Unrecht abwägen, Strategien planen und langfristige Konsequenzen berechnen. In Zeiten hohen Stresses wird die Amygdala jedoch aktiv und löst die "Kampf-oder-Flucht"-Reaktion aus, die zu Angstzuständen führen und es schwierig machen kann, rationale Entscheidungen zu treffen.

Der Konflikt zwischen Angst und Vernunft ist das größte Problem, wenn wir vor schwierigen Entscheidungen stehen. Der Schlüssel liegt darin, die Angst zu überwinden, aber sie so zu managen, dass sie unsere Handlungsfähigkeit nicht beeinträchtigt. Hier kommen Gehirntechniken ins Spiel: Sie können Ihr Gehirn darauf trainieren, auch in schwierigen Situationen schnell und klar Entscheidungen zu treffen.

Neurologische Mechanismen, um unter Stress kluge Entscheidungen zu treffen
1. Emotionale Reaktionen erkennen und verändern
Der erste Schritt, um in schwierigen Situationen effektive Entscheidungen zu treffen, besteht darin, die Auswirkungen von Stress auf das Gehirn zu erkennen. Wenn Sie Stress erleben, reagiert Ihr Gehirn emotional.

Seite 130

Angst ist natürlich, aber du solltest dich nicht von ihr kontrollieren lassen. Führungskräfte und Entscheidungsträger sind gut darin, zwischen Emotionen und rationalen Reaktionen zu unterscheiden.

Wenn du deine Depression spürst, halte inne und atme. Tiefes Atmen aktiviert den Vagusnerv, was die Reaktionen auf Nervenimpulse reduziert und dazu beiträgt, die Aktivierung der Amygdala zu reduzieren. Diese einfache Aktion ermöglicht es Ihnen, sich zurückzuziehen und die Kontrolle zurückzugewinnen. Auf diese Weise schaffen Sie einen Aktivitätsknotenpunkt in Ihrem präfrontalen Kortex, damit Sie klar denken können.

2. Treffen Sie Entscheidungen auf der Grundlage von Fakten, nicht von Hypothesen
Das Gehirn neigt dazu, nach Mustern und Fakten zu suchen, insbesondere wenn es mit Unsicherheit konfrontiert ist. Absolute Gewissheit ist jedoch selten zu finden, daher müssen wir unseren Geist trainieren, Entscheidungen auf der Grundlage dessen zu treffen, was wir haben, und nicht auf der Grundlage dessen, was wir haben wollen.

Große Führungskräfte trainieren ihr Gehirn so, dass es wichtiger ist, schnelle Entscheidungen zu treffen, als darauf zu warten, dass alle Teile zusammenpassen. In einigen Fällen führt das schnelle Ergreifen von Maßnahmen zu mehr Ergebnissen, sodass Sie Ihren Kurs entsprechend anpassen können.

Um dies zu tun, halte deine Gedanken an und konzentriere dich auf das, was vor dir liegt. Stellen Sie wichtige Fragen, analysieren Sie schnell die Ergebnisse

Der Verstand einer Führungskraft

und ergreifen Sie Maßnahmen. Im Laufe der Zeit wird dies Ihre Fähigkeit verbessern, auch angesichts von Unsicherheiten schnelle Entscheidungen zu treffen.

3. Nutzen Sie die Kraft der Visualisierung, um Ihren Geist neu zu formen
Eines der mächtigsten Werkzeuge in einer schwierigen Situation ist die Visualisierung. Spitzensportler nutzen diese Technik, um ihr Gehirn auf Herausforderungen vorzubereiten. Indem Sie darüber nachdenken, wie Sie gut auf schwierige Situationen reagieren können, können Sie Ihr Gehirn trainieren, gut zu reagieren, wenn die Zeit reif ist.

Visualisierung ist effektiv, weil sie die gleichen Bereiche des Gehirns aktiviert, die während der Handlung aktiviert werden. Indem Sie sich vorstellen, schnelle und effiziente Entscheidungen zu treffen, verdrahten Sie Ihr Gehirn neu, um mit Zuversicht zu handeln. Dies stärkt nicht nur Ihr Selbstvertrauen, sondern reduziert auch den Stress, den Sie oft erleben, wenn Sie schwierige Entscheidungen treffen.

4. Treffen Sie kleine Entscheidungen, um schnell zu handeln
Wenn Sie mit einem großen Problem konfrontiert sind, fühlen Sie sich vielleicht gezwungen, eine große Entscheidung zu treffen, die alles verändern wird. Aber das ist nicht der Fall. Die besten Entscheidungen in den schwierigsten Situationen sind nicht groß oder schrecklich. Der Schlüssel liegt darin, kleine, messbare Fortschritte zu erzielen.

Das menschliche Gehirn ist darauf ausgelegt, sich vorwärts zu bewegen, und ein kleiner Schritt in Richtung einer Lösung kann eine größere Wirkung haben, als darauf zu warten, dass alles perfekt ist. Außerdem gibt Ihnen jeder kleine Gedanke mehr Informationen, die es Ihnen ermöglichen, Ihren Fokus zu ändern und zu verbessern, ohne gelähmt zu werden.

5. Vertrauen Sie Ihren Erfahrungen und Instinkten
Die Neurowissenschaft zeigt uns, dass das menschliche Gehirn über ein unglaubliches Gedächtnis verfügt und die Fähigkeit hat, vergangene Erfahrungen zu nutzen, um schnelle Entscheidungen zu treffen. Dieses System wird durch einen Prozess namens Entscheidungsfindung gesteuert, bei dem Ihr Gehirn unbewusst gespeicherte Informationen verwendet, um ohne große Analyse Maßnahmen zu ergreifen.

Glauben Sie also an das, was Sie erlebt haben. Wenn Sie sich schon einmal in einer ähnlichen Situation befunden haben, hat Ihr Gehirn bereits einen "Fingerabdruck" dafür, wie es reagieren soll. In den meisten Fällen ist die beste Entscheidung für ein Problem diejenige, die intuitiv auf Basis Ihres Wissens und Ihrer Erfahrung getroffen wird. Wenn dein Bauchgefühl dir etwas sagt, ignoriere es nicht.

Handeln Sie jetzt
Es stimmt: Die wichtigsten Entscheidungen sind nicht immer die richtigen, sondern die, die selbstbewusst und schnell getroffen werden. In kritischen Situationen ist Zeit von entscheidender Bedeutung. Die erfolgreichsten Führungskräfte sind diejenigen, die handeln, wenn andere weggehen.

Jetzt ist es an der Zeit, die Kontrolle zu übernehmen. Wenn Sie Ihr Gehirn darauf trainieren, mit Stress

Der Verstand einer Führungskraft

umzugehen, kleine, ehrliche Entscheidungen zu treffen und Ihrem Bauchgefühl und Ihrer Intuition zu vertrauen, verbessern Sie nicht nur Ihre Entscheidungsfähigkeit, sondern werden auch zu einer selbstbewussteren und mutigeren Führungskraft.

Das Risiko, nichts zu tun, ist größer als das Risiko, einen Fehler zu machen. Handeln Sie also jetzt, denn die Zukunft wartet nicht. Ihr Verstand ist darauf vorbereitet, selbst in den wichtigsten Momenten selbstbewusste Entscheidungen zu treffen. Es ist Zeit für Sie zu glänzen.

James Lass

DIE BEDEUTUNG DES VERTRAUENS IN EINE INFORMIERTE INTUITION

Warum sollten Sie Ihrem Instinkt vertrauen, um Entscheidungen zu treffen?

Standen Sie schon einmal vor einer schwierigen Entscheidung und obwohl Sie nicht alle Informationen hatten, wussten Sie immer, was zu tun war? Dieses unbestreitbare Gefühl, dass man, auch wenn man sich nicht sicher ist, den richtigen Weg gewählt hat. In der Unternehmenskultur, wie auch im Alltag, spielt die Macht des Geistes oft keine Rolle. Wir lernen, dass kluge Entscheidungen auf harten Daten, rigorosen Analysen und systematischer Planung basieren. Aber die Wissenschaft des menschlichen Gehirns und die Erfahrungen erfolgreicher Führungskräfte beweisen das Gegenteil: Intuition ist, wenn sie richtig gepflegt und informiert wird, eines unserer mächtigsten Werkzeuge.

Heute möchte ich, dass ihr einen Schritt in Richtung der Wahrheit der Veränderung macht: Sehen ist kein Zufall oder ein seltsames Gefühl. Es ist das Ergebnis eines trainierten Gehirns und mentaler Prozesse, die eng mit Wissen und Erfahrung verbunden sind. Und das Wichtigste: Du kannst lernen, ihm zu vertrauen.

Was ist Insight und warum sind sie wichtig? Lassen Sie uns zunächst definieren, was wir unter dem Begriff der Intelligenz verstehen. Es ist die Fähigkeit, schnelle und rationale Entscheidungen zu treffen, die nicht nur auf persönlichen Daten, sondern auch auf angesammeltem

Wissen, vergangenen Erfahrungen und einfachen Signalen basieren, die unser Gehirn sammelt. Es ist, als hätte man eine besondere psychische Kraft, die das, was man weiß, mit dem vermischt, was man fühlt.

Stellen Sie sich vor, Sie befinden sich in einem Besprechungsraum und hören verschiedene Anfragen. Du hast nicht alle Zahlen, du kennst nicht alle Hintergründe, aber etwas in dir sagt dir, dass diese Idee gut ist. Er ist fantastisch bei der Arbeit. Es ist die perfekte Balance zwischen Logik und Emotion, zwischen harten Fakten und realer Erfahrung.

Aber das ist überraschend: Intuition ist keine Magie. Es ist die Fähigkeit, auf mehr im Gehirn gespeicherte Informationen zuzugreifen, die sie schneller verarbeiten, als wir wissen. Wenn Sie eine schnelle Entscheidung treffen, erzeugt Ihr Gehirn Tausende von Ideen, die nicht immer logisch erklärt werden können, sondern völlig logisch sind und auf der vorherigen Situation basieren.

Die Wissenschaft der Wahrnehmung: Ihr Gehirn lernt ständig dazu
Das menschliche Gehirn ist sehr nützlich für die Mustererkennung. Auch ohne es zu merken, sammelt Ihr Gehirn ständig Informationen. Wenn du mit der Welt interagierst, sei es bei der Arbeit, in Beziehungen oder sogar in deinem Privatleben, erschaffst du ein komplexes Netz von Erfahrungen, das dein Gehirn speichert und nutzt, um Vorhersagen zu treffen.

Wussten Sie, dass jedes Mal, wenn Sie eine Entscheidung treffen, Ihr Gehirn eine riesige Bibliothek an Informationen aus der Vergangenheit durchforstet, auch

Seite 136

wenn Sie es nicht wissen? Dieses Netzwerk des Wissens hat Ihre "Instinkte".

Dieser Prozess wird als aktives Lernen bezeichnet. Die Neurowissenschaft hat gezeigt, dass das Gehirn ohne unser Wissen Muster erkennen und Entscheidungen treffen kann. Wann immer wir in einem komplexen Umfeld eine Entscheidung treffen, kombiniert unser Gehirn das, was wir bereits wissen, mit der neuen Situation und gibt uns so eine bessere und schnellere Lösung. Das ist mentale Kraft: Das Gehirn ist darauf trainiert, schnell und effizient zu arbeiten.

Entgegen der landläufigen Meinung kann nicht alles so passieren
wo viele Menschen einen fatalen Fehler machen: sie mit Verarbeitung oder Zufälligkeit zu vermischen. In unserer Kultur, insbesondere in der Wirtschaft, treffen wir nur Entscheidungen, die durch Daten und Logik erklärt werden können. Diese starke Abhängigkeit von kalter Logik schränkt jedoch unsere Fähigkeit ein, effektiv zu arbeiten und uns anzupassen.

Ich ermutige Sie, diese Überzeugungen zu überdenken. Logik ist sehr mächtig, aber sie kann in schwierigen und unvorhersehbaren Situationen die Zukunft nicht vorhersagen. Es gibt Zeiten, in denen du einfach keinen Sinn findest, und dann ist die Intuition dein bester Freund.

Tiefes Wissen ist die perfekte Balance zwischen Intelligenz und stillem Wissen, aber um dorthin zu gelangen, musst du anfangen, deiner Intuition zu vertrauen. Ihr Gehirn hat mehr gelernt, als Sie denken. Das Problem ist, dass wir aus Angst, Fehler zu machen, dazu neigen, unsere Gefühle zu ignorieren und endlose Analysen zu priorisieren.

Erstaunliche Vorteile, wenn du deiner Intuition vertraust
Bessere und schnellere Entscheidungsfindung: Intuition hilft Ihnen, Entscheidungen zu treffen, ohne dass Analysen erforderlich sind. In der heutigen, sich ständig verändernden Welt ist die Fähigkeit, schnell zu arbeiten, ein Wettbewerbsvorteil.

Starke und flexible Funktionen: Eine hohe Auflösung hilft Ihnen, über den Tellerrand hinauszublicken. Durch die Kombination Ihrer vergangenen Erfahrungen ermöglicht Ihnen Ihr Gehirn, kreative und einzigartige Lösungen zu finden, die Sie sich nicht vorstellen können.

Effektiv handeln in der Krise: Wenn Druck besteht, ist die Fähigkeit, schnelle Entscheidungen zu treffen, unerlässlich. Achtsamkeit hilft Ihnen, sich in einer stressigen Umgebung ohne Angst oder Zögern zurechtzufinden. Ihr Gehirn, das darauf trainiert ist, Muster zu erkennen, weiß, was zu tun ist, auch wenn Sie nicht alle Informationen haben.

Beziehungen zu anderen: Auch Intuition spielt in unseren Beziehungen eine wichtige Rolle. Hattest du jemals Gefühle für jemanden, ein Gefühl, dem du nicht vertrauen konntest? Das ist deine Intuition in Aktion, die dir hilft, gesellschaftliche Themen schneller zu lesen, als wenn du dich nur auf Fakten stützen würdest.

Persönliche und fachliche Weiterentwicklung: Je mehr Sie Ihrer Intuition vertrauen, desto einfacher wird es sein, Ihre Entscheidungsfähigkeit zu verbessern. Dies wird Sie nicht nur effektiver machen, sondern Sie auch zu einer besseren und selbstbewussteren Führungskraft machen.

Wie steigert man das Vertrauen in geistiges Denken?
Jetzt, da du weißt, wie mächtig Introspektion ist, ist es an der Zeit, sie zu kultivieren. Hier sind einige praktische Schritte, um loszulegen:

Hören Sie auf Ihre innere Stimme: Wann immer Sie eine Entscheidung treffen, hören Sie auf diese innere Stimme, die Sie leitet. Hören Sie sich ihre Meinung an. Mit der Zeit wirst du lernen, echte Ideen von einfachen, abstrakten Ideen zu unterscheiden.

Tun Sie mehr von dem, was Sie wissen: Je mehr Sie versuchen, sich neuen Situationen auszusetzen, desto besser wird Ihr Gehirn funktionieren und Muster bilden. Regelmäßiges Üben hilft dir, bessere Entscheidungen zu treffen.

Meditation und Meditation: Meditation und tägliche Meditation können deinen Geist beruhigen und dich mit deinen Gedanken verbinden. Der mentale Raum ist entscheidend für das Gehirn, um zu kommunizieren und effektivere Entscheidungen zu treffen.

Recherche: Nachdem Sie alle wichtigen Entscheidungen getroffen haben, denken Sie über den Prozess nach. Warum haben Sie diese Entscheidung getroffen? Wenn du verstehst, wie dein Geist funktioniert, wirst du ihn stärken.

Es ist Zeit zu handeln
Es ist an der Zeit, deine Zweifel beiseite zu legen und deinem Herzen zu vertrauen. Wissen ist nichts

Geheimnisvolles oder eine unerreichbare Fähigkeit; Es ist eine Fähigkeit, die erlernt werden kann und die deine Fähigkeit, Entscheidungen zu treffen und Herausforderungen mit Stärke und Weisheit zu begegnen, verändern kann. Die Zukunft wird geschrieben und der beste Weg, um Erfolg zu gewährleisten, besteht darin, Ihre Vorstellungskraft mit Zuversicht zu nutzen.

Lass dich nicht von der Angst, Fehler zu machen, zerstören! Ihr Gehirn weiß es besser. Vertrauen Sie darauf, handeln Sie jetzt und bringen Sie Ihre Führung auf die nächste Stufe.

EINFLUSS UND VERBINDUNG: FÜHREN MIT EMPATHIE

Die meisten Menschen glauben, dass eine gute Führungskraft jemand ist, der die Kontrolle über seine Autorität hat und stark und entscheidungsfreudig sein muss und sich in vielen Fällen nicht um andere kümmert. Diese Vision wurde von Generation zu Generation weitergegeben: Eine Führungskraft ist eine mächtige Person, die den Prozess kontrolliert und die Geschicke ihres Teams von oben lenkt. Aber heute ist diese Vision aufgegeben worden.

Wussten Sie, dass Verständnis eines der wichtigsten Dinge ist, die eine Führungskraft haben kann? Ja, Sie haben richtig gelesen. Empathie, also die Fähigkeit, andere zu verstehen und sich in sie einzufühlen, ist heute einer der Schlüssel zur Führung. In einer Welt, in der Geschwindigkeit, Effizienz und Konnektivität wichtig sind, ist Verständnis nicht nur eine entscheidende Fähigkeit, sondern auch ein dringendes Bedürfnis.

Dieser Blog fordert Sie auf, Ihre Meinung über Führung zu überdenken. Denn wahre Führung ist kein Gefühl, sondern ein Verständnis. Es ist an der Zeit, mit dem Herzen zu führen und deine Emotionen zu deiner größten Stärke werden zu lassen.

Führungsforschung: Warum funktioniert sie?
Sympathie ist in Geschäftsgesprächen keine gute Idee. Es ist eigentlich die Intelligenz, die mit dem menschlichen Gehirn verbunden ist. Die Neurowissenschaft hat gezeigt, dass die emotionale Bindung eines Menschen eine der effektivsten Quellen für menschliche Stärke und Motivation ist.

Im Gehirn sind Spiegelneuronen für unsere Fähigkeit verantwortlich, zu "hören", was andere denken. Diese Nervosität ermöglicht es uns, uns in die Lage anderer Menschen zu versetzen und zu sehen, wie sie sich anfühlen, als wären es unsere eigenen. Wenn eine Führungskraft einfühlsam ist, aktiviert sie diese Neuronen in ihrem Team und erzeugt eine emotionale Reaktion, die Beziehungen stärkt und tiefe und bedeutungsvolle Beziehungen schafft.

Das führt nicht nur dazu, dass die Leute Ihnen nicht vertrauen, sondern erhöht auch die Zusammenarbeit und

Produktivität. Wenn sich Menschen verstanden fühlen, arbeiten sie mit Leidenschaft und Engagement. Empathie ist ein mächtigeres Werkzeug als strenge Befehle oder Befehle, da Menschen durch Emotionen und nicht durch Macht motiviert werden.

Die Herausforderung des Glaubens: Mitgefühl ist keine Schwäche
Einer der größten Mythen über Führung ist, dass sie als Schwäche angesehen wird. Viele Menschen denken, dass man unabhängig und stark sein muss, um eine gute Führungskraft zu sein, und in vielen Fällen kümmert man sich nicht um die Meinung anderer. Diese Vorstellung ist falsch.

Führung mit Mitgefühl bedeutet nicht, weich zu sein oder sich allem hinzugeben, sondern zu wissen, wann man standhaft und wann mitfühlend sein muss. Manager verstehen, dass die Emotionen der Menschen die treibende Kraft hinter Produktivität, Innovation und Loyalität sind. Und sie wissen, wie sie diese Macht auf eine gute Art und Weise nutzen können.

Tatsächlich sind Meinungsführer in Krisenzeiten, in denen die Emotionen groß sind und Unsicherheit in der Luft hängt, am effektivsten. Empathie ermöglicht es einer Führungskraft, ihr Team durch Widrigkeiten zu führen, nicht nur durch Strategie und Logik, sondern auch durch Teamarbeit.

Best Practices schaffen Konsens

1. Verbessern Sie Kommunikation und Zusammenarbeit

Seite 142

Konsens schafft ein Umfeld, in dem sich die Menschen wohl fühlen, wenn sie ihre Gedanken, Ideen und Bedenken äußern. Wenn eine Führungskraft Verständnis und Respekt für die Meinungen ihres Teams zeigt, sind die Menschen offen, bereit, ihre Meinung zu äußern, und vor allem bereit zur Zusammenarbeit.

Empathie ermöglicht die Zusammenarbeit eines Teams, in dem die Stärken jedes Mitglieds gebündelt und Probleme gemeinsam angegangen werden. Ein Team, das an seine Führungskraft glaubt, ist bereit, weiterzumachen.

2. Zusammenarbeit und Energie steigern

Empathie erhöht nicht nur die Akzeptanz, sondern schafft auch Solidarität, die zu Zusammenarbeit führen kann. Wenn sich ein Manager um die Gesundheit seiner Kollegen kümmert, gibt er seiner Arbeit einen Sinn und sagt ihnen, dass seine Bemühungen in direktem Zusammenhang mit dem Erfolg stehen.

Diese Art der Führung fördert eine echte Motivation, bei der die Menschen nicht nur daran arbeiten, externe Bedürfnisse zu erfüllen, sondern weil sie an die Mission und den Wert der Partnerschaft glauben. Emotionen sind die wichtigste Quelle der Motivation, und gute Führungskräfte wissen, wie sie sie motivieren können, ihr Bestes zu geben.

Die Gruppe führt mit gutem Verständnis, weil die Leute das Gefühl haben, dass sie große Unterstützung haben. Wenn Partner wissen, dass sie sich auf eine Führungskraft verlassen können, die sie versteht und unterstützt, stellen sie sich Herausforderungen mit Zuversicht und Entschlossenheit.

In schwierigen Zeiten ist das Verständnis der Klebstoff, der das Team zusammenhält. Dies verbessert nicht nur die Leistung in einer Krise, sondern verbessert auch die Führung und schafft einen Arbeitsplatz, an dem sich die Mitarbeiter wertgeschätzt und unterstützt fühlen.

Innovation und Kreativität fördern

Manager managen nicht nur Projekte, sie fördern Innovationen. Wenn Menschen das Gefühl haben, dass ihre Meinung gehört und respektiert wird, fühlen sie sich frei, zu experimentieren, Risiken einzugehen und über den Tellerrand hinauszuschauen. Empathie schafft ein Umfeld, in dem Ideen fließen und die Teilnehmer sich für neue Lösungen interessieren, ohne Angst vor Verurteilung haben zu müssen.

Führungskräfte, die auf die Gefühle ihres Teams hören und sie verstehen, schaffen ein Umfeld, in dem Innovation zur Norm wird. Positives Denken entsteht, wenn sich Menschen wertgeschätzt fühlen, indem sie neue Denkweisen und Problemlösungsfähigkeiten eröffnen.

Die Zukunft der Führung ist Mitgefühl – Handeln Sie jetzt
In der sich schnell verändernden Welt von heute sind erfolgreiche Führungskräfte nicht die stärksten, sondern die mitfühlendsten. Empathie ist eine Fähigkeit, die die Zukunft einer Führungskraft verändern kann, und wenn Sie sie noch nicht in Ihren Führungsstil integriert haben, ist jetzt der richtige Zeitpunkt dafür.

Seite 144

W a r u m   w a r t e n ?   D i e   W e l t   b r a u c h t Führungspersönlichkeiten, die nicht nur führen, sondern auch verbinden. Führungskräfte verstehen ihre Teams, geben ihnen einen Sinn, motivieren sie, besser zu werden, und zeigen ihnen, dass sie geschätzt werden.

Unterschätzen Sie niemals die Kraft der Empathie. Wenn du etwas bewirken willst, wenn du die Welt verändern willst, dann beginne damit, deine Gewohnheiten zu ändern. Beginnen Sie mit Mitgefühl zu führen. Es ist der wirkungsvollste Weg, um die Menschen um Sie herum zu verbinden, zu verändern und zu verbessern.

Jetzt bist du dran! Handeln Sie jetzt, um mit dem Aufbau einer starken, kollaborativen und humanen Zukunft zu beginnen. Empathie: Küsse ihn.

WIE DAS GEHIRN SOZIALE VERBINDUNGEN INTERPRETIERT UND DARAUF REAGIERT

Die verborgene Kraft, die Ihren Erfolg antreibt

Stell dir vor, du nimmst an einem wichtigen Meeting oder vielleicht einem gesellschaftlichen Ereignis teil und etwas in dir sagt dir, dass etwas nicht stimmt. Vielleicht ist es eine kleine Veränderung im Tonfall einer Person oder der distanzierte Blick, den man von der anderen Seite des Raumes bekommt. Woher weißt du, dass sich die Dinge geändert haben, auch wenn nichts gesagt wird?

Die Antwort liegt in Ihrem Gehirn. Das menschliche Gehirn ist von Natur aus sozial, und seine Fähigkeit, Beziehungen zu reflektieren, die emotionalen Zustände anderer zu interpretieren und sich an soziale Interaktionen anzupassen, ist größer, als wir uns vorstellen. In Beziehungen geht es nicht nur um Gefühle; Es ist ein biologisches, psychologisches und tiefgründiges Modell für die Menschheit.

Heute werde ich in Ihr Gehirn eintauchen und Ihnen zeigen, warum soziale Interaktion nicht nur eine "Ergänzung" zu Ihrem Leben ist, sondern unerlässlich für Ihren Erfolg und Ihr Glück. Lass den Glauben los, dass Beziehungen nur "persönliche Beziehungen" sind. Die Fähigkeit, mit anderen zu kommunizieren, ist der Schlüssel zu persönlichem und beruflichem Wachstum.

Das soziale Gehirn: Warum vernetzen wir uns?

Von dem Moment an, in dem wir geboren werden, ist die menschliche Interaktion ein zentraler Bestandteil unseres Lebens. Der Mensch ist darauf programmiert, soziale Signale zu suchen, zu erkennen und darauf zu reagieren. Wir müssen in Gemeinschaft leben und uns miteinander verbinden. Das Gehirn arbeitet nicht isoliert, sondern ist verteilt, so dass es ständig mit anderen interagiert.

Es gibt einen bestimmten Bereich des Gehirns, der immer dann aktiviert wird, wenn wir sinnvolle soziale Interaktionen erleben. Wenn wir uns akzeptiert, verstanden oder mit anderen verbunden fühlen, wird das Belohnungssystem (einschließlich Teilen des Gehirns wie dem Nucleus accumbens) aktiviert. Dieser Prozess setzt Dopamin frei, einen positiven Neurotransmitter, der uns ein gutes Gefühl gibt und eine positive Reaktion hervorruft, die uns ermutigt, diese Beziehung mehr zu suchen.

Darüber hinaus spielen auch Regionen, die an der Verarbeitung von Emotionen beteiligt sind, wie die Amygdala, eine wichtige Rolle. Die Amygdala analysiert soziale Hinweise, erkennt Emotionen wie Sympathie, Wut oder Angst und hilft, schnell auf Beziehungen zu reagieren. Ihr habt gesehen, wie Sein Gehirn menschliche Interaktionen nicht nur "fühlt", sondern sie sofort interpretiert und darauf reagiert.

Soziale Verbindungen und das Gehirn: Der Schlüssel zum Erfolg
In einer Welt, in der wir ständig mit Informationen bombardiert werden und gute Kommunikation mehr Zeit in Anspruch zu nehmen scheint, sind gute soziale Kontakte wichtiger denn je. Wahrer Erfolg hängt nicht nur von unseren intellektuellen oder technischen

Fähigkeiten ab, sondern auch von unserer Fähigkeit, starke Beziehungen aufzubauen.

Warum? Soziale Interaktion verbessert nicht nur Ihr emotionales Wohlbefinden, sondern ermöglicht es Ihnen auch, Entscheidungen zu treffen, innovativ zu sein und zu führen.

1. Soziale Interaktion kann deine emotionale Intelligenz verbessern
Wenn du im wirklichen Leben mit anderen Menschen interagierst, verstehst du dich selbst und andere besser. Empathie ist eine wichtige Komponente der emotionalen Intelligenz, ein Gehimkreislauf, der darauf ausgelegt ist, die emotionalen Signale der Menschen um Sie herum aufzunehmen.

Wussten Sie, dass Menschen mit hoher emotionaler Intelligenz in komplexen Umgebungen effektivere Entscheidungen treffen? Empathie ermöglicht es dir nicht nur, die Gefühle anderer zu verstehen, sondern auch, wie du auf diese Gefühle reagierst. Führungskräfte, die diese Fähigkeit verstehen, können einen tiefgreifenden und echten Einfluss auf andere haben.

2. Soziale Kontakte können die Motivation und Produktivität steigern.
 Gute Kommunikation weckt die Motivation und steigert die Produktivität. Wenn sich Menschen verbunden fühlen, sind sie eher bereit, zusammenzuarbeiten, Zeit und Energie zu investieren und zu gemeinsamen Zielen beizutragen.

Die Wissenschaft untermauert dies: Studien zeigen, dass Menschen, die sich als Teil einer Gemeinschaft fühlen,

Seite 148

ihren Oxytocinspiegel (das Bindungshormon) erhöhen, was ihnen ein Gefühl der Zugehörigkeit gibt und ihnen die Energie gibt, weiter hart zu arbeiten.

3. Die Verbindung mit anderen erhöht die persönliche Stabilität
Soziale Kontakte geben uns nicht nur ein gutes Gefühl, sondern geben uns auch Kraft. Sinnvolle Beziehungen bieten ein Stützsystem in Krisenzeiten. Indem Sie sich von anderen unterstützt fühlen, verbessert Ihr Gehirn die Selbstfürsorge und reduziert Stress.

Wenn du nicht weiterkommst, können soziale Kontakte Stress abbauen und dir helfen, dich zu beruhigen, dich zu konzentrieren und konzentriert zu bleiben. Darüber hinaus können gesunde Beziehungen dazu beitragen, die körperliche und geistige Gesundheit zu verbessern, indem sie den Cortisolspiegel (Stresshormon) senken und die allgemeine Gesundheit verbessern.

4. Beziehungen können deine Fähigkeit zur Innovation und Kreativität steigern
Beziehungen zu anderen können dir nicht nur emotionalen Halt geben, sondern auch deine Kreativität steigern. Das Gehirn ist eine soziale Komponente: Wenn du in einem Team arbeitest, Ideen austauschst und mit Menschen mit unterschiedlichen Hintergründen und Perspektiven interagierst, erweitert sich dein Verstand. Soziale Kontakte verbessern Ihre Problemlösungskompetenz, geben Ihnen neue Perspektiven und Ideen und unterstützen neue Ideen.

Regelmäßige soziale Interaktion hilft Ihrem Gehirn, sich zu erweitern, anzupassen und sich auf neue Weise zu verbinden. Kreativität gedeiht in einem Umfeld, in dem sich die Menschen gehört und verstanden fühlen. Es ist die Macht, die Ihr Leben, Ihre Karriere und Ihr Geschäft verändern kann.

In zukünftigen Beziehungen: Bist du bereit zu handeln?
Es ist an der Zeit, nicht mehr zu denken, dass Arbeit und Beziehungen zwei verschiedene Welten sind. Das menschliche Gehirn ist so konzipiert, dass es selbstständig funktioniert. Jede soziale Interaktion ist eine Chance, Ihre emotionalen Fähigkeiten zu stärken, Ihre Kreativität zu steigern und nachhaltigen Erfolg zu erzielen.
Wenn Sie produktiver, glücklicher, stärker und erfolgreicher sein wollen, ist es jetzt an der Zeit, in Ihre sozialen Medien zu investieren. Das Gehirn reagiert und passt sich an die Einschränkungen an, die Sie schaffen. Je mehr Sie diese Beziehungen entwickeln, desto stärker werden Ihre kognitiven, emotionalen und sozialen Fähigkeiten.

Machen Sie soziale Kontakte nicht zu einer Priorität. Ob in Ihrem persönlichen oder beruflichen Leben, die Verbindung zu anderen ist für Ihren Erfolg und Ihr Wohlbefinden gleichermaßen wichtig. Handeln Sie jetzt. Bauen Sie echte Beziehungen auf, investieren Sie in ein Unterstützungsnetzwerk und beobachten Sie, wie Ihr Gehirn reagiert, um Sie auf ein neues Niveau von Erfolg, Kreativität und Glück zu bringen.

Die Zukunft entsteht heute, durch Verbindungen! Verbinde dich, wachse und verändere dein Leben.

James Lass

Seite 151

DIE NEUROWISSENSCHAFT DER EMPATHIE UND IHRE AUSWIRKUNGEN AUF TEAMS

Der geheime Schlüssel zur Transformation der Leistung

Stellen Sie sich ein Team vor, das nicht nur zusammenarbeitet, sondern sich auch zutiefst versteht. Eine Gruppe, in der jedes Mitglied das Gefühl hat, dass seine Stimme gehört wird, dass seine Gefühle verstanden werden und dass seine Bemühungen nicht nur mit Worten, sondern auch mit dem echten Engagement seiner Kollegen gewürdigt werden. Wie fühlt es sich an, Teil eines solchen Teams zu sein? Was wäre, wenn ich Ihnen sagen würde, dass diese Teams aus wissenschaftlicher Sicht in der Lage sind, nicht nur die Ergebnisse, sondern auch die Organisationskultur zu verändern?

Hier kommt die Neurowissenschaft der Empathie ins Spiel. In der Lage zu sein, sich in die Lage eines anderen zu versetzen, die Gefühle anderer Menschen aufzunehmen und authentisch zu reagieren, ist nicht nur eine soziale Fähigkeit. Es ist ein mächtiges Nervenwerkzeug, das Leistung, Innovation und Wohlstand in jedem Team fördert. Und nein, es geht nicht nur um "gute Absichten" oder "Sentimentalität"; Das ist Wissenschaft.

In diesem Blog erkläre ich, wie Ihr Gehirn und das Gehirn Ihres Partners auf Empathie reagieren und wie diese Fähigkeit den Unterschied zwischen einem durchschnittlichen Team und einem unaufhaltsamen Team ausmachen kann. Es ist an der Zeit, alte

Überzeugungen in Frage zu stellen, Missverständnisse über Führung und Produktivität auszuräumen und damit zu beginnen, Ihre Teamdynamik zu verändern.

Kognitionswissenschaft: Warum funktioniert sie?
Mitgefühl ist nicht nur ein abstrakter Wert oder eine Geste der Güte. Es handelt sich um eine biologische Reaktion, die in die Struktur unseres Gehirns integriert ist. Wenn wir mit anderen Menschen kommunizieren, verarbeitet das menschliche Gehirn nicht nur die Worte, die wir hören, oder beobachtet das Verhalten anderer Menschen. Lies die Gefühle. Die inneren Zustände anderer Menschen spüren. Und das geschieht so schnell und direkt, dass wir es oft gar nicht merken.

Dies geschieht aufgrund von Spiegelneuronen. Diese Gehirnzellen wirken wie ein Spiegel, der die Emotionen anderer Menschen reflektiert und verarbeitet. Wenn ein Teammitglied lächelt, Frustration oder sogar Traurigkeit ausdrückt, reagiert Ihr Gehirn, indem es die gleichen Bereiche des Gehirns aktiviert, die auch an Ihrer Stelle aktiviert würden. Ja! In deiner Biologie ist das schwer zu verstehen!

Wie wird sich das auf das Team auswirken? Wenn Menschen Empathie haben, verbinden sie sich emotional. Dieses Gefühl der Verbundenheit verbessert nicht nur die zwischenmenschlichen Beziehungen, sondern fördert auch das Vertrauen und die Zusammenarbeit. Das Verständnis des Teams führt zu einem kohärenteren, engagierteren und effektiveren Team.

Überraschende Vorteile des Verständnisses in Teams

1. Vertrauen und gute Kommunikation

Wenn ein Teammitglied das Gefühl hat, dass seine Gefühle und Einstellungen verstanden werden, vertraut es seinen Kollegen mehr. Dieses Vertrauen führt direkt zu einer offeneren und ehrlicheren Kommunikation. Anstatt Urteile oder Konflikte zu fürchten, fühlen sich die Menschen wohl dabei, Ideen auszutauschen, Meinungen zu äußern und Meinungsverschiedenheiten konstruktiv zu lösen.

Die Wissenschaft untermauert dies: Untersuchungen zeigen, dass Teams mit einem hohen Maß an Empathie mit 60 % höherer Wahrscheinlichkeit Konflikte effektiv lösen und eine flüssige Kommunikation aufrechterhalten, ohne immer zum Schlachtfeld zu werden.

2. Steigern Sie Produktivität und Leistung

Eine der am weitesten verbreiteten Überzeugungen am Arbeitsplatz ist, dass intensiver Wettbewerb und hohe Erwartungen der Schlüssel zur Leistung sind. Empathische Beziehungen können jedoch gestärkt werden. Wenn sich die Teammitglieder wertgeschätzt, angehört und unterstützt fühlen, werden ihre Motivation und ihr Engagement dramatisch steigen.

Die Neurowissenschaft zeigt, dass Oxytocin, bekannt als "Treuehormon" oder "Liebeshormon", in großen Mengen freigesetzt wird, wenn wir uns in einander einfühlen. Dieser Neurotransmitter verbessert nicht nur unsere Teamfähigkeit, sondern reduziert auch Stress und steigert unsere Konzentrationsfähigkeit, was zu einer besseren Leistungsfähigkeit führt.

Seite 154

Empathische Teams übertreffen mit 40 % höherer Wahrscheinlichkeit ihre Leistungsziele, weil sie durch gemeinsame Ziele und emotionalen Zusammenhalt motiviert sind.

3. Innovation und Kreativität steigern

Emotional vernetzte Teams sind kreativer und innovativer. Weil? Denn wenn sich Menschen gehört und akzeptiert fühlen, fühlen sie sich sicherer, wenn sie neue Ideen teilen, selbst die gefährlichsten oder ungewöhnlichsten. Mitgefühl schafft ein Umfeld, in dem Schwächen nicht als Schwächen angesehen werden, sondern als Chancen zu wachsen und zu lernen.

Die Wissenschaft zeigt, dass Empathie Bereiche des Gehirns aktiviert, die mit Problemlösung und Entscheidungsfindung verbunden sind, und so die Kreativität kollaborativer Teams erhöht. Einfühlsame Teammitglieder haben das Gefühl, dass sie innovative Lösungen finden können, ohne Angst vor Ablehnung haben zu müssen.

4. Verbessern Sie das allgemeine Wohlbefinden des Teams

Selbstmitgefühl wirkt sich nicht nur auf die Leistungsfähigkeit aus, sondern auch auf das emotionale Wohlbefinden des Einzelnen. Affektive Wechselwirkungen senken den Cortisolspiegel, das Stresshormon, das Müdigkeit und Angstzustände reduziert. Teams, die Empathie praktizieren, haben eine Mitarbeiterfluktuation von weniger als 50 % und genießen ein höheres Maß an Arbeitszufriedenheit. Wer möchte nicht Teil eines Teams sein, das nicht nur Ziele erreicht, sondern sich auch um andere kümmert?

Mit dem Mythos aufräumen: Mitgefühl ist keine Schwäche, sondern Stärke
Ein weit verbreiteter Irrglaube ist, dass Mitgefühl bedeutet, freundlich oder geduldig zu sein. Nichts könnte weiter von der Wahrheit entfernt sein. Mitgefühl ist nicht dasselbe wie Schwäche. Tatsächlich werden mitfühlende Führungskräfte respektiert, sind effektiver und besser in der Lage, in Krisenzeiten zu führen.
Warum? Denn Empathie stärkt die Resilienz des Teams. Wenn sich jemand verstanden und emotional unterstützt fühlt, ist es wahrscheinlicher, dass er angesichts schwieriger Herausforderungen zusammenhält. Empathie bildet die emotionale Grundlage, die es Teams ermöglicht, ruhig zu bleiben und sich Ängsten und Widrigkeiten zu stellen.

Ihr Aufruf zum Handeln: Empathie noch heute annehmen
Es ist an der Zeit, sich von alten Vorstellungen darüber zu lösen, wie man leistungsstarke Teams aufbaut. Empathie ist eine kluge Strategie, kein Luxus. Teams, die mit Empathie geführt werden, können Hindernisse effektiver überwinden, effizienter arbeiten und sind motivierter, erfolgreich zu sein.

Jetzt ist es an der Zeit, den nächsten Schritt zu gehen. Beginnen Sie mit der Entwicklung von Empathie in Ihrem Team: Lernen Sie, genau zuzuhören, die Gefühle anderer anzuerkennen und authentisch zu reagieren. Die Ergebnisse werden unglaublich sein! Sie werden sehen, wie Ihr Team zu einer zielstrebigen, proaktiven und innovativen Abteilung werden kann, die bisher unerreichbare Ziele erreicht.

Es ist Zeit, dein Herz zu regieren. Die Neurowissenschaft des Mitgefühls ist auf Ihrer Seite und jetzt können auch Sie Teil des Wandels sein, der die Welt verändern wird. Handeln Sie jetzt. Lassen Sie Empathie Ihr mächtigstes Führungsinstrument sein. Denn sowohl in der Geschäftswelt als auch im Leben selbst sind Beziehungen die wahre Kraft, die uns zum Erfolg führt.

SCHAFFUNG EINES PSYCHOLOGISCH SICHEREN UMFELDS

Die stille Revolution, die den Erfolg vorantreibt

Stellen Sie sich Folgendes vor: einen Arbeitsplatz, an dem jeder geschätzt wird, an dem Ideen frei fließen, an dem Sie verletzlich sein können, ohne Angst vor Verurteilung haben zu müssen, und an dem jedes Teammitglied weiß, dass es das Recht hat, anderer Meinung zu sein, zu lernen und ohne negative Konsequenzen zu wachsen. Ist dies ein guter Arbeitsplatz Denken Sie darüber nach, diese Art von Umgebung verbessert nicht nur die Lebensqualität des Einzelnen, sondern fördert auch die Produktivität der gesamten Gruppe. Die Frage ist: Warum machen wir das nicht?

Die Schaffung einer sicheren Umgebung ist nichts Neues und auch keine "gute" Sache, die Unternehmen tun "sollten". Es gibt biologische und neurologische Voraussetzungen für ein normales Funktionieren. Wenn Sie möchten, dass Ihr Team produktiver, sachkundiger, fokussierter und engagierter ist, ist es am wichtigsten, ein Umfeld zu schaffen, in dem sich alle sicher fühlen. Die Wissenschaft beweist es und heute zeige ich Ihnen, warum und wie Sie das heute ändern können.

Die Wissenschaft der Heilung von psychischen Erkrankungen: Warum funktioniert sie?
Stell dir vor, dass du jedes Mal, wenn du in einer Gruppe sprichst, Angst hast, ausgelacht und ignoriert zu werden. Wie wirkt sich das deiner Meinung nach auf deine Kreativität aus? Oder möchten Sie eine intelligente Lösung teilen? Du gibst wahrscheinlich nach, versteckst deine Emotionen und lässt dich mitreißen, anstatt deine einzigartigen Ideen auszudrücken. Ein emotional unsicherer Ort mag so aussehen.

Das menschliche Gehirn ist darauf ausgelegt, das Böse wahrzunehmen. Wann immer wir etwas Negatives sehen, schaltet sich die Amygdala (der Teil des Gehirns, der emotionale Reaktionen steuert) ein und gibt eine Warnung aus. Wenn du das Gefühl hast, dass deine Ideen ignoriert, ausgelacht oder missverstanden werden, ist dein Gehirn in Schwierigkeiten. Dadurch fühlen Sie sich nicht nur besser, sondern wirken sich auch auf Ihre geistigen Fähigkeiten aus. Stress und Angst können unsere Fähigkeit hemmen, klar zu denken und unsere Fähigkeit zu arbeiten, kreativ zu sein und Probleme zu lösen.

Stellen Sie sich nun vor, dass die Umgebung anders ist. In einer sicheren psychologischen Umgebung werden Sie keine Angst haben, Ihre Ideen auszudrücken oder Fehler zu machen. Ihr Gehirn befindet sich nicht in einem Zustand der Obstruktion, sondern in einem Zustand des Wachstums, in dem Ideen ungehindert fließen und die

Seite 158

Zusammenarbeit nicht beurteilt wird. Das fördert nicht nur die Kreativität, sondern setzt auch latente Potenziale frei.

Erstaunliche Vorteile der Schaffung einer sicheren Umgebung

1. Fördert Innovation und Kreativität
Gruppen können ihre Ideen sicher ausdrücken, ohne befürchten zu müssen, von der Kreativität der Gruppe abgelehnt zu werden. Warum? Denn es erfordert Kreativität. Wenn du befürchtest, dass deine Ideen verspottet oder verworfen werden, kannst du dich nicht äußern. Aber in einer sicheren Umgebung können Ideen fließen. Teammitglieder können neue Ideen ausprobieren, Fehler machen und lernen, ohne negative Konsequenzen zu haben.

Unternehmen mit einem sicheren psychologischen Umfeld entwickeln mit 35 % höherer Wahrscheinlichkeit neue Ideen und setzen sie mit 45 % höherer Wahrscheinlichkeit um. Können Sie sich vorstellen, was Ihr Team tun würde, wenn es ohne Angst arbeiten würde?

2. Verbessern Sie die Arbeitsleistung und Rentabilität
Angst und Stress sind die Feinde der Arbeit. Wenn Menschen das Gefühl haben, dass ihre Ideen und Beiträge wichtig sind, bedeutet das nicht, dass sie hart arbeiten werden; Sie haben einen großartigen Job gemacht. Sie sind leidenschaftlich, nachdenklich und bereit, Hindernisse zu überwinden.

Wissenschaftliche Untersuchungen zeigen, dass Gruppen mit psychologischer Sicherheit 30 % besser abschneiden als Gruppen ohne psychologische Sicherheit. Sozialer

Aktivismus nimmt deutlich zu, wenn Menschen das Gefühl haben, ihre Meinung äußern zu können, ohne beurteilt zu werden.

3. Stärken Sie zwischenmenschliche Beziehungen und Teamarbeit
In einer emotional sicheren Umgebung entstehen nicht nur positive Gedanken, sondern auch zwischenmenschliche Beziehungen werden gestärkt. Wenn Teammitglieder Verletzlichkeit zeigen und ihre Gedanken und Gefühle ohne Angst teilen, wird eine starke Vertrauensbasis aufgebaut. Die Menschen beginnen zusammenzuarbeiten und erkennen den einzigartigen Wert, den jede Person in das Team einbringt.

Vertrauen ist der Klebstoff, der ein Team zusammenhält, ohne Vertrauen werden Sie nicht in der Lage sein, Ihr Bestes zu geben, egal wie talentiert Sie sind. Ein Safe Space ist ein Ort, an dem sich Menschen öffnen und zusammenarbeiten können, nicht einzeln, sondern als geschlossenes Team. Verbesserung der Lebensqualität, Reduzierung der Sommerzeit
Die Schaffung eines sicheren Umfelds wirkt sich nicht nur auf die Qualität der Arbeit aus, sondern auch auf die Gesundheit der Arbeitnehmer. Chronischer Stress durch ungünstige oder negative Umgebungen kann zu Müdigkeit, Angstzuständen, Depressionen und chronischen Krankheiten führen.

Wenn Menschen in einem Umfeld arbeiten, in dem sie sich akzeptiert und unterstützt fühlen, wird ihr Cortisolspiegel (das Stresshormon) gesenkt, was die körperliche und geistige Gesundheit verbessert. Dies erhöht nicht nur das Wohlbefinden der Arbeitnehmer,

Seite 160

sondern reduziert auch die Anzahl der Arbeitnehmer und verbessert das gesamte Arbeitsumfeld.

Handeln Sie jetzt: Wie schafft man eine emotional sichere Umgebung?
Gute Frage: Wie fangen Sie an, ein psychologisch sicheres Umfeld in Ihrem Team oder Unternehmen zu schaffen? Hier sind einige wichtige Schritte, die Sie jetzt unternehmen können:

1. Fördern Sie eine offene und offene Kommunikation
Der Schlüssel zu emotionaler Sicherheit ist Offenheit. Als Führungskraft ist es wichtig, Verletzlichkeit zu zeigen. Teilen Sie uns Ihre Fragen und Herausforderungen mit. Stellen Sie sicher, dass alle, auch die Führungskräfte, ständig dazulernen. Wenn die Leute sehen, dass du auch verletzlich bist, ist es wahrscheinlicher, dass sie ihre Gedanken und Gefühle teilen.

2. Lernen Sie, aktiv zuzuhören
Liebe ist ein wichtiger Bestandteil der emotionalen Sicherheit. Üben Sie aktives Zuhören: Stellen Sie offene Fragen, erkennen Sie an, was andere hören, und stellen Sie sicher, dass jeder die Möglichkeit hat, zu sprechen. Zuhören, ohne zu urteilen, ist das, was den Menschen am meisten Spaß macht.

3. Feiern Sie Scheitern als Chance für Wachstum
Die Angst vor dem Scheitern ist eines der größten Hindernisse im Arbeitsumfeld. Ändere das Narrativ: Feiere das Scheitern als Chance, zu lernen und zu wachsen. Wenn die Menschen wissen, dass Scheitern nicht bestraft, sondern als Lektion angesehen wird, schießen Innovation und Experimente in die Höhe.

4. Gemeinsame Standards setzen
Als Team ist es wichtig, dass Sie klare Standards für gegenseitigen Respekt setzen. Dazu gehört, die Meinung anderer zu respektieren, Beleidigungen oder Respektlosigkeit nicht zu tolerieren und konstruktives statt destruktives Feedback zu geben.

5. Vertrauen und Transparenz stärken
Vertrauen wird Tag für Tag aufgebaut. Ergreifen Sie konkrete Schritte, um Ihr Engagement für psychologische Sicherheit zu demonstrieren: Bleiben Sie offen für Entscheidungen, hören Sie Ihrem Team zu und zeigen Sie, dass sein Wohlbefinden für Sie Priorität hat.

Der Wandel beginnt jetzt
Warten Sie nicht länger. Wenn Sie möchten, dass Ihr Team kreativer, kollaborativer, glücklicher und produktiver ist, ist die Schaffung einer psychologisch sicheren Umgebung keine Option, sondern eine dringende Notwendigkeit. Unternehmen, die diese Art von Kultur umsetzen, sind marktführende Unternehmen, leistungsstarke Unternehmen und Unternehmen, die die Loyalität und das Engagement ihrer Mitarbeiter aufrechterhalten.

Die Zukunft Ihres Unternehmens hängt von der emotionalen und psychologischen Sicherheit ab, die Sie heute schaffen können. Legen Sie jetzt los, machen Sie den ersten Schritt zur Veränderung Ihrer Kultur und beobachten Sie, wie Ihr Team stärker und erfolgreicher wird.

Werden Sie aktiv: Schaffen Sie psychologische Sicherheit und entfalten Sie das Potenzial Ihres Teams.

James Lass

STRESSMANAGEMENT UND RESILIENZ VON FÜHRUNGSKRÄFTEN

Das Geheimnis, wie Sie Widrigkeiten meistern und Ihre Führungsqualitäten verbessern können

Was ist der Unterschied zwischen einem Chef, der unter Druck zusammenbricht, und einer Person, die unter Druck stärker wird? Warum scheinen manche Führungspersönlichkeiten im Angesicht von Widrigkeiten zu gedeihen, während andere im Sturm zusammenbrechen? Die Antwort ist nicht Magie oder Glück. Ein sehr starkes Produkt, wissenschaftlich bewiesen für alle: Stress- und Energiemanagement.

Stellen Sie sich vor, Sie wären der Leiter eines Teams, der mit schwierigen Entscheidungen, endlosen Fristen und hohen Erwartungen konfrontiert ist. Der Druck hält an. Aber geben Sie diesem Druck nicht nach, stehen Sie auf, bleiben Sie ruhig und führen Sie Ihr Team zum Sieg. Das ist die Macht des Chefs. Und das Beste: Diese Kraft steckt in dir und wartet darauf, entfesselt zu werden.

Heute werde ich dir helfen, deine Meinung zu ändern. Wir räumen mit weit verbreiteten Missverständnissen über Stress auf und erfahren, wie die besten Führungskräfte der Welt Stress überwinden und Resilienz aufbauen. Dies ist mehr als nur ein Aufruf zum Handeln; Ein plötzlicher Aufruf, die Art und Weise, wie wir führen, zu ändern und Herausforderungen mit unerschütterlichem Mut anzugehen.

Seite 164

Stress: Der versteckte Feind, der dich groß machen oder umhauen kann

Wir alle haben gehört, dass Stress schlecht ist, oder? Es gibt eine weit verbreitete Meinung, dass Stress etwas ist, das vermieden werden sollte, da er die Produktivität, Gesundheit und Lebensqualität beeinträchtigen kann. Überraschenderweise ist die Wahrheit, dass Stress, wenn er richtig gehandhabt wird, zum Erfolg führen kann. Das Problem ist nicht der Stress an sich, sondern wie wir damit umgehen.

Das menschliche Gehirn ist darauf ausgelegt, mit Stress umzugehen. Wenn das Gehirn mit Wut konfrontiert wird, initiiert es die Kampf-oder-Flucht-Reaktion und setzt Cortisol und Adrenalin frei, die die Energie erhöhen und Energie erzeugen. Dieser Schutzmechanismus ist seit Jahrtausenden überlebenswichtig. Wenn Stress richtig gehandhabt wird, kann er die Entscheidungsfindung verbessern, die Motivation steigern und die Leistung steigern.

Aber was passiert, wenn Sie gestresst sind? Wenn wir nicht wissen, wie wir auf uns selbst aufpassen sollen, kann Stress zu Müdigkeit, Angst und geistiger Erschöpfung führen. Ein Chef, der nicht weiß, wie er mit Stress umgehen soll, wird wahrscheinlich wütend, zwiespältig und unproduktiv. Hier kommt die Stärke ins Spiel: die Fähigkeit, sich schnell von auftretenden Problemen zu erholen.

Resilienz: Die geheime Kraft großer Führungskräfte

Übung

Resilienz ist mehr als nur schwierige Zeiten "durchzustehen"; es ist die Fähigkeit, trotzdem erfolgreich zu sein; Die Quintessenz ist, dass Stress, wie Stress, nicht etwas ist, mit dem wir geboren werden, sondern etwas, aus dem wir lernen können. Ja! Als Führungskraft haben Sie die Fähigkeit, selbstbewusst und effektiv zu sein.

Wie entstehen Resistenzen? Die Neurowissenschaft sagt uns, dass das Gehirn plastisch ist, was bedeutet, dass es sich im Laufe der Zeit verändern kann. Nachhaltigkeit entsteht durch Handeln und Denken. Eine mutige Führungskraft ist nicht jemand, der nie versagt, sondern jemand, der nach einem Sturz wieder aufsteht. Gute Führungskräfte gehen Problemen nicht aus dem Weg, sondern befähigen sie, mit ihnen klug und intelligent umzugehen.

Nachhaltigkeit wird von vier Hauptsäulen angetrieben:

Growth Mindset: Nachhaltigkeitsverantwortliche sehen Herausforderungen als Lernchancen. Selbst wenn sie auf Probleme stoßen, werden sie nicht externen Dingen die Schuld geben oder aufgeben. Sie glauben, dass sie im Laufe der Zeit lernen und sich verändern können. Diese Gedanken sind ein Weg, um mit chronischen Angstzuständen fertig zu werden.

Emotionen: Selbstvertrauen beginnt damit, seine Emotionen zu kennen und zu verstehen. Eine Führungskraft, die ihre eigenen inneren Gefühle kennt, kann ihre Emotionen kontrollieren und verhindern, dass sich andere um sie kümmern.

Psychologische Resilienz: Nachhaltige Führungskräfte verändern sich schnell. Sie werden nicht den gleichen Weg nehmen oder durch Hindernisse blockiert werden. Wie das Wasser: flexibel, in der Lage, neue Wege zu finden und sich an neue Situationen anzupassen.

Soziale Unterstützung und Netzwerke des Vertrauens: Resilienz ist nicht nur eine Frage der Arbeit. Die Unterstützung eines Teams, eines Mentors oder eines engen Kreises ist entscheidend, um Schwierigkeiten zu überwinden. Selbstbewusste Führungskräfte wissen, dass es keine Schande ist, um Hilfe zu bitten.

Die unglaublichen Vorteile von Stressbewältigung und Achtsamkeit

1. Verbessern Sie die Entscheidungsfindung unter Druck
Führungskräfte, die lernen, mit Stress umzugehen, können unter Druck schnelle und effektive Entscheidungen treffen. Wenn dem Gehirn Cortisol entzogen wird, werden wichtige Aufgaben wie Entscheidungsfindung, Planung und Entscheidungsfindung effizienter.

2. Verbessern Sie die Teameffektivität
Eine selbstbewusste Führungskraft inspiriert sein Team. Teammitglieder fühlen sich sicher und motiviert, wenn sie sehen, dass ihre Führungskräfte angesichts von Herausforderungen stark und widerstandsfähig bleiben. Ein Team, dessen Führungskraft unter ständigem Druck steht, ist ein engagiertes und produktives Team.

3. Verbessern Sie die körperliche und geistige Gesundheit
Chronischer Stress ist der heimliche Feind der Gesundheit. Stressbewältigung und Krafttraining tragen

nicht nur zur Leistungssteigerung bei, sondern verringern auch das Risiko von stressbedingten Erkrankungen wie Bluthochdruck, Müdigkeit und Angstzuständen. Mutige Führungskräfte führen ein langes, gesundes Leben.

Mutige Führungskräfte lassen sich vom Scheitern nicht entmutigen, sondern lernen daraus. Dieses kontinuierliche Wachstum fördert eine Innovationskultur im gesamten Unternehmen. Starke Führungskräfte ermutigen zum Experimentieren und sind bereit, kalkulierte Risiken einzugehen.

Aufruf zum Handeln: Verwandeln Sie Stress in Macht!
Stressbewältigung und Resilienz sind nicht nur optionale Fähigkeiten; Es ist die Fähigkeit, die gute Führungskräfte von großen Führungskräften unterscheidet. Wenn Sie Ihr Potenzial als Führungskraft ausschöpfen wollen, ist es an der Zeit, Maßnahmen zu ergreifen. Stress kann dein schlimmster Feind sein, aber er kann auch dein bester Lehrer sein. Würdest du es wagen, es zu nehmen und es in eine mächtige Waffe zu verwandeln?

Hier ist, was Sie heute tun können:

Trainieren Sie Ihren Geist: Üben Sie Meditation, Achtsamkeit oder eine andere Methode, die Ihren Geist beruhigt und Stress abbaut.

Nehmen Sie eine wachstumsorientierte Denkweise an: Jedes Hindernis ist eine Chance. Lernen Sie aus Ihren Fehlern und nutzen Sie jeden Fehler, um sich zu verbessern.
Schaffen Sie ein Unterstützungsnetzwerk: Begegnen Sie Herausforderungen und Schwierigkeiten nicht alleine.

Bitten Sie Mentoren, Freunde und Kollegen, Ihnen zu helfen, sich zu behaupten.

Machen Sie Selbstfürsorge zu einer Priorität: Resilienz ist ohne körperliche und geistige Gesundheit unmöglich. Treiben Sie Sport, essen Sie gut, schlafen Sie und kümmern Sie sich vor allem um Ihre Gesundheit.
Die Zukunft Ihrer Führung hängt von Ihrer Fähigkeit ab, mit Stress umzugehen und sich zu erholen. Warten Sie nicht länger. Fangen Sie jetzt an, Ihren Geist zu trainieren, um den Gegner zu unterdrücken, nicht den Feind. Der Anführer in dir wartet darauf, erweckt zu werden.

Wecken Sie Ihren Mut und werden Sie die Führungskraft, die Ihr Team braucht!

WIE SICH STRESS AUF DAS GEHIRN UND DIE ENTSCHEIDUNGSFINDUNG AUSWIRKT

Ein Aufruf, Ihr Potenzial zu entfalten

Stress, ein ständiger Begleiter im modernen Leben, hat eine negative Kraft, die viele Menschen nicht verstehen. Wir sehen es jeden Tag: Stress umgibt uns, verzehrt uns

Der Verstand einer Führungskraft

und deprimiert uns. Aber haben Sie jemals darüber nachgedacht, wie sich Stress auf Ihr Gehirn und Ihre Entscheidungen auswirkt?

Hier ist eine schockierende Wahrheit, die Ihnen noch nie gesagt wurde: Stress verschlimmert nicht nur Ihr Leben, sondern beeinträchtigt auch Ihre Fähigkeit, effektive Entscheidungen zu treffen. Doch wenn die Führungskraft keine klaren und richtigen Entscheidungen treffen kann, ist die Zukunft seines Teams und seines Unternehmens in Gefahr.

Dies ist kein Artikel über "Stressbewältigung". Es ist eine schwierige Entscheidung, zu verstehen, wie Ihr Gehirn auf eine Weise beeinflusst werden kann, die Sie sich nicht vorstellen können, und wie es Ihre Arbeit, Ihre Führung und Ihr Leben beeinflusst. Aber das Mächtigste an all dem ist, dass man es ändern kann.

Heute zeige ich dir, wie sich Stress auf das Gehirn auswirkt, warum er die Entscheidungsfindung beeinflusst und was du jetzt tun kannst, um ihn zu ändern und deine Kraft zurückzugewinnen. Es ist an der Zeit, die Kontrolle zu übernehmen.

Angst: Der unsichtbare Feind von Entscheidungen
Stellen Sie sich vor: Sie befinden sich in einer großen Besprechung, da liegt eine wichtige Entscheidung auf dem Tisch. Stress beginnt sich aufzubauen: Termindruck, Teamerwartungen, Ungewissheit über das Ergebnis. Ihr Gehirn beginnt zu reagieren. Die Amygdala, der kleine Teil des Gehirns, der Emotionen und Reaktionen auf das Leben steuert, tritt ins Spiel.

Seite 170

Stress aktiviert die erste biologische Reaktion: "Kampf oder Flucht". Zu diesem Zeitpunkt ist Ihr Gehirn bereit, sofort auf die Bedrohung zu reagieren. Stresshormone wie Cortisol und Adrenalin werden in Ihr System freigesetzt. Es gibt Ihrem Körper Kraft, sich Problemen zu stellen. Der Preis einer solchen Reaktion ist jedoch, dass sie die Hauptteile Ihres Gehirns entfernt, die dafür verantwortlich sind, gute Entscheidungen zu treffen, langfristig zu planen und kritisch zu denken.

Was passiert im Gehirn unter Stress?
In Zeiten von Stress geht Ihr Gehirn in den "Überlebensmodus". Das bedeutet, dass die komplexesten und logischsten Funktionen des Gehirns, wie z.B. der präfrontale Kortex, der für die Entscheidungsfindung, Selbstregulation und Problemlösung zuständig ist, gehemmt werden. In der Zwischenzeit übernimmt die Amygdala, die für unsere emotionalen Reaktionen verantwortlich ist, die Kontrolle.

Diese Verschiebung der Prioritäten hat wichtige Auswirkungen auf die Entscheidungsfindung. Anstatt die beste Option oder die Konsequenzen in Betracht zu ziehen, treffen Sie Entscheidungen aus Angst oder Panik. Das Ergebnis? Irrationale Entscheidungen, anstatt voranzukommen, werden Sie in einem Kreislauf aus Stress, Reaktion statt Strategie gefangen halten.

Und das ist noch nicht alles. Chronischer Stress schädigt das Gehirn und wirkt sich auf Bereiche aus, die mit Gedächtnis und Lernen zu tun haben. Langfristig arbeitet das Gehirn unter Stress weniger. Es wird immer schwieriger, eine klare Vision zu haben und die richtige Entscheidung zu treffen.

Wissenschaft: Wie Entscheidungen Stress sabotieren
Wissenschaftlichen Studien zufolge kann chronischer Stress die Fähigkeit des präfrontalen Kortex verringern, zu planen, langfristige Entscheidungen zu treffen und die richtigen Optionen zu bewerten. Stattdessen treiben emotionale Reaktionen die Entscheidungsfindung voran. Ihr Gehirn scheint im automatischen Modus zu arbeiten und zufällige Entscheidungen zu treffen.

Hier ist eine Überraschung: Stress beeinflusst nicht nur Ihre Entscheidungsfindung in schwierigen Zeiten. Wenn der Stress mit der Zeit zunimmt, nimmt die Fähigkeit, klar und rational zu denken, ab. Es kann zu Fehleinschätzungen, vorschnellen Entscheidungen und einem Mangel an Abkürzungen führen. Kurz gesagt, Stress raubt Ihnen die Fähigkeit, eine effektive strategische Führungskraft zu sein.

Direkter Einfluss auf die Führung: Wie wirkt sich das auf Ihre Entscheidung aus, als Führungskraft zu agieren?
Wenn Sie eine Führungskraft sind, wird das Gefühl tiefer gehen. Ihre Entscheidungen betreffen nicht nur Sie, sondern Ihr gesamtes Team, Ihr Unternehmen, Ihre Organisation. Eine Führungskraft, die unter Druck steht, trifft nicht nur gute Entscheidungen, sondern kommuniziert sie auch an ihr Team, was sich auf den gesamten Prozess auswirkt.

Sorgen, mit denen Sie konfrontiert werden:

Vermeiden Sie es, Entscheidungen zu treffen: Die Angst, falsche Entscheidungen zu treffen, wird verschwinden.
Irrationale Entscheidungsfindung: Statt alle Optionen in Betracht zu ziehen, setzt man auf Schnelligkeit und Druck.

Seite 172

Reagieren Sie auf Emotionen: Anstatt rational zu reagieren, reagieren Sie basierend auf der Angst oder Aufregung des Augenblicks.

Nicht gut delegieren: Mikromanagement von Führungskräften kann zu Stress führen, der die Kreativität und Stärke des Teams verringert.

Es macht dich nicht nur wütend, sondern verursacht auch viele schlechte Entscheidungen und mehr Stress. Eine Führungskraft, die unter Druck schlechte Entscheidungen trifft, verliert das Vertrauen ihres Teams, was den Teamstress und die allgemeine Unsicherheit erhöht.

Lösung: Wie man Stress in ein Werkzeug für den Erfolg verwandelt Stress ist nicht der Feind. Wenn Sie wissen, wie man damit umgeht, können Sie es als schnelles, produktives und schönes Werkzeug verwenden. Hier sind die wichtigsten Schritte, um Stress in ein Werkzeug für den Erfolg zu verwandeln:

1. Atmen Sie tief durch und kontrollieren Sie Ihre unmittelbare Reaktion
Tiefes Atmen aktiviert den Parasympathikus, der versucht, Stress abzubauen. Wenn Sie gestresst sind, atmen Sie tief durch, um die Kontrolle über Ihren frontalen Kortex wiederzuerlangen, sodass Sie klar denken können, bevor Sie vorschnelle Entscheidungen treffen.

2. Üben Sie Achtsamkeit, um den inneren Frieden wiederherzustellen
Meditation ermöglicht es dir, präsent und bewusst zu sein, ohne nachzudenken oder zu fühlen. Diese Praxis kann dir helfen, emotionale Reaktionen zu erkennen, bevor sie die Oberhand gewinnen, und ermöglicht es dir, eine strategischere Reaktion zu wählen.

3. Erfahren Sie, wie Sie Ihr Team teilen und inspirieren können

Wenn man unter Druck steht, ist es einfach, zu improvisieren. Aber effektive Führungskräfte delegieren Verantwortung und vertrauen ihren Teams. Das Delegieren von Aufgaben entlastet Ihre Aufmerksamkeit, ermöglicht es Ihnen, wichtige Entscheidungen zu treffen und Stress abzubauen.

4. Treffen Sie Entscheidungen auf der Grundlage von Fakten und nicht von Emotionen.

Um dies zu verhindern, stellen Sie sicher, dass Sie Entscheidungen auf der Grundlage von Fakten und sachlichen Informationen und nicht auf emotionalen Impulsen treffen. Erstellen Sie einen Prozess, um alle Optionen zu überprüfen, bevor Sie Maßnahmen ergreifen.

5. Akzeptanz: Aus Fehlern lernen

Die Erkenntnis, dass Fehler Teil des Wachstumsprozesses sind, ist der Schlüssel, um den Stress zu reduzieren, der Angst und Unruhe verursacht. Starke Führungskräfte sehen Misserfolge als Lernchancen, nicht als Bedrohungen.

Handeln Sie jetzt und verwandeln Sie Stress in Entschlossenheit!
Stress sollte nicht dein Feind sein. Mit den richtigen Werkzeugen können Sie es kontrollieren und zu Ihrem Vorteil nutzen. Jetzt, da Sie wissen, wie sich Stress auf Ihr Denken und Ihre Entscheidungsfindung auswirkt, haben Sie das Wissen, das Sie brauchen, um klar, selbstbewusst und strategisch zu handeln.

Seite 174

Es ist an der Zeit, damit aufzuhören, ein Idiot zu sein, und ihn als mächtiges Werkzeug zu nutzen. Übernehmen Sie jetzt die Kontrolle: Beginnen Sie mit tiefem Atmen, Achtsamkeit und achtsamer Entscheidungsfindung. Ihr Team, Ihr Unternehmen und Ihre Zukunft werden es Ihnen danken.

STRATEGIEN, UM IN SCHLÜSSELMOMENTEN RUHIG ZU BLEIBEN

Die geheime Kraft erfolgreicher Führungskräfte

Was unterscheidet eine außergewöhnliche Führungskraft von einer durchschnittlichen Führungskraft? Ist es Wissen? Technische Fähigkeiten? Dies sind wichtige Zeiten. Diese Momente der Angst, in denen alles auseinanderzufallen scheint und alles von Ungewissheit umgeben ist. Der Hauptunterschied zwischen erfolgreichen Führungskräften und solchen, die es nicht sind, ist ihre Fähigkeit, ruhig zu bleiben.

Haben Sie schon einmal von der Falle in Schwierigkeiten gehört? Das Gefühl, dass die Zeit stillsteht, Entscheidungen schwierig werden, der Verstand beginnt sich zu drehen und die Gedanken stürzen immer wieder zusammen. Was viele nicht wissen, ist, dass es in solchen Situationen nicht nur ein emotionales Thema ist, ruhig zu bleiben, sondern eine wichtige Fähigkeit, die trainiert werden kann. Sobald du diese Fähigkeit beherrschst, wirst du ein unaufhaltsamer Anführer sein.

Der Verstand einer Führungskraft

Dieser Blog teilt wissenschaftliche und praktische Strategien, um ruhig zu bleiben, wenn es am wichtigsten ist, und zeigt, wie die Kraft der Ruhe Ihre Fähigkeit verändern kann, Entscheidungen zu treffen, Teams zu führen und Erfolg zu haben. Wir werden mit gängigen Überzeugungen über Stress und Angst aufräumen und zeigen, dass es nicht nur eine gute Gewohnheit ist, ruhig zu bleiben, sondern eine praktische Fähigkeit, die Sie lernen müssen, um sie zu beherrschen. Es ist an der Zeit, den nächsten Schritt in Richtung einer besseren Version des Managers zu machen!

Warum ist es so schwierig, in einer Krise die Ruhe zu bewahren?
. Bevor wir uns damit befassen, ist es wichtig zu verstehen, warum das menschliche Gehirn in Zeiten hohen Stresses die Fassung verliert. Die Antwort liegt in der Neurowissenschaft des Stresses.

Wenn Sie mit einem schwierigen Problem konfrontiert sind, wie z. B. einer wichtigen Idee, einem Geschäftsproblem oder einer wichtigen Entscheidung, wird Ihr Gehirn lebendig. Die Amygdala, der Teil des Gehirns, der sich bei Gefahr aktiviert, sendet Signale an den Körper, sich auf "Kampf oder Flucht" vorzubereiten. Der präfrontale Kortex, der Bereich, der für die Planung und rationale Entscheidungsfindung verantwortlich ist, leidet, weil das Gehirn dem Überleben Vorrang vor der Entscheidungsfindung einräumt.

Dieser biologische Prozess ist völlig normal. Es ist ein lebendiges Vermächtnis. Was viele Menschen jedoch nicht wissen, ist, dass Sie Ihr Gehirn trainieren können, um dieses Verhalten nicht kontrollieren zu lassen.

Seite 176

Schlüsselstrategien, um ruhig zu bleiben: Lassen Sie Ihren Kopf angesichts von Herausforderungen führen

Wenn Sie selbstbewusst und effektiv führen wollen, müssen Sie lernen, mit Druck umzugehen. Hier biete ich praktische Strategien an, die Sie nicht nur in schwierigen Situationen beruhigen, sondern Ihnen auch helfen, schnelle, kluge und praktische Entscheidungen zu treffen.

Tiefes Atmen ist ein einfacher und effektiver Weg, um in stressigen Zeiten wieder zur Ruhe zu kommen. Wenn Stress die Amygdala aktiviert, wird Ihr Körper mit Adrenalin und Cortisol überflutet. Die tiefe Atmung wirkt diesem Prozess entgegen, indem sie die Nerven beruhigt und den präfrontalen Kortex aktiviert, den Teil des Gehirns, der für die rationale Entscheidungsfindung zuständig ist.
Wie geht es dir? Probieren Sie die 4-7-8-Technik aus:

Atmen Sie 4 Sekunden lang ein
Halten Sie die Taste 7 Sekunden lang gedrückt.
Atmen Sie 8 Sekunden lang langsam
Diese einfache Übung kann deine Meinung komplett ändern und dir helfen, klar über den Sturm nachzudenken.

Anstatt dir Sorgen darüber zu machen, was schief gehen könnte, bringt dich die Meditation zurück in den gegenwärtigen Moment und ermöglicht es dir, Entscheidungen zu treffen, die auf der Realität und nicht auf Angst oder vorgefassten Meinungen basieren.

Wie wendet man es an? Versuchen Sie, Ihre Gedanken und Gefühle zu beobachten, ohne sie zu verurteilen. Wenn du dich müde fühlst, wache auf und akzeptiere deine Gefühle, anstatt sie deine Handlungen kontrollieren zu lassen. Dieser einfache Akt des Bewusstseins kann die Kampf-oder-Flucht-Reaktion des Gehirns unterdrücken.

Ändere deine Einstellung: Setze Angst in Taten um
Angst ist die Hauptursache für Stress in schwierigen Zeiten. Aber Angst ist nicht real, sie ist die Vorstellung deines Gehirns vom Unbekannten. Deine Denkweise zu ändern bedeutet, die Geschichte zu ändern, die du im Kopf hast: Anstatt ein Problem als Bedrohung zu sehen, beginnst du, es als Chance zu sehen, zu wachsen, innovativ zu sein oder etwas Neues zu lernen.

Übe Folgendes: Wann immer du dich in einem schwierigen Moment befindest, frage dich: "Was kann ich daraus lernen? Wie kann ich an dieser Erfahrung wachsen? "Indem du deine Denkweise änderst, verwandelst du Angst in Macht.
Entscheidungsbaum-Technik
Momente der Ungewissheit sind oft von einer Wolke von Auswahlmöglichkeiten und Entscheidungen umgeben. Die "Baum"-Technik ist eine einfache Möglichkeit, den Entscheidungsprozess zu visualisieren und zu organisieren. Das Aufschreiben von Optionen und Lösungen hilft Ihnen, das Bild zu klären und einen Weg nach vorne zu finden.

Wie funktioniert das? Zeichnen Sie einen Entscheidungsbaum mit möglichen Verzweigungen. Während Sie jedes einzelne analysieren, schreiben Sie die Ergebnisse auf und bewerten Sie die Vor- und Nachteile. Diese Praxis unterteilt Stress in überschaubare Schritte und reduziert so das Gefühl von Burnout.

5. Resilienz aufbauen: Aus jedem Fehler lernen

Große Führungskräfte scheitern nicht immer, aber sie lernen aus ihren Fehlern und werden stärker. Geduld hilft dir, auch dann ruhig zu bleiben, wenn etwas schief geht. Jede Frage ist eine Lektion für die Zukunft.

Maßnahme: Wann immer Sie auf ein Problem stoßen, halten Sie inne und reflektieren Sie, was Sie gelernt haben. Beseitigen Sie Stress und erlauben Sie Ihrem Geist, sich auf das Lernen und nicht auf die Angst zu konzentrieren.

6. Vertrauen Sie Ihrem Team: Teamarbeit erzeugt Stress
Stressigen Zeiten sollte man nicht alleine begegnen. Wenn Sie Ihrem Team vertrauen können, reduziert dies nicht nur die emotionale Belastung, sondern erhöht auch die Teamarbeit und die Produktivität. Anderen zu vertrauen kann dir unnötigen Stress ersparen und es dir ermöglichen, dich auf das Wesentliche zu konzentrieren.
Tipp: Stellen Sie sicher, dass Ihr Team weiß, dass es Ihnen und anderen vertrauen kann. Selbstvertrauen ermöglicht es Ihnen, in jeder Situation ruhig zu bleiben.
Unglaubliche Vorteile, wenn man sich keine Sorgen machen muss

1. Verbessert die Entscheidungsfindung: Wenn Sie ruhig sind, werden Ihre Vorurteile aktiviert und Ihre Fähigkeit, rational zu denken und zu denken, verbessert sich.

2. Reduzieren Sie chronischen Stress: Ruhig zu sein kann Cortisol reduzieren und so Ihre langfristige Gesundheit und Ihr Wohlbefinden verbessern.

3. Kreative Fähigkeit: Stille Führungskräfte haben die Fähigkeit, schnelle und effektive Entscheidungen zu treffen und den Prozess schneller und effizienter zu gestalten.

4. Behalten Sie Ihre Einstellung stark: Wenn Sie in den wichtigen Momenten ruhig bleiben, werden Sie stark und zuversichtlich sein, dass Sie sich jeder Herausforderung stellen können.

Es ist Zeit zu arbeiten!
Was Sie gerade gelesen haben, ist mehr als eine Theorie; Es ist ein unaufhaltsamer Weg zur Führung. Wann immer Sie mit einem kritischen Moment konfrontiert sind, denken Sie daran, dass Geduld eine Fähigkeit ist, die entwickelt werden kann. Dies ist kein Luxus, sondern eine wichtige Strategie für gute Entscheidungen, Führung und Erfolg.

Jetzt ist es an der Zeit, diese Ideen umzusetzen! Wenn du das nächste Mal auf Stress stößt, lass dich nicht davon kontrollieren. Atmen Sie tief durch, bleiben Sie ruhig und machen Sie Stress zu Ihrem besten Freund.

Ihre zukünftige Führung beginnt jetzt.

RESILIENZ ALS FÜHRUNGSKRAFT KULTIVIEREN

Deine geheime Superkraft

Wussten Sie, dass die Fähigkeit, nach einem Sturz wieder aufzustehen, wichtiger ist als die Anzahl der Stürze? In der Welt der Führung wird Erfolg nicht an Leistungen gemessen, sondern an der Stärke, die man angesichts von Misserfolgen, Herausforderungen und Widrigkeiten zeigt.

Jetzt denkst du wahrscheinlich: "Ich bin nicht Superman!" Wie kannst du stark bleiben, wenn alles kaputt ist?" Die Wahrheit ist, dass Beharrlichkeit kein Talent ist, das geboren wird, sondern eine Fähigkeit, die wir alle kultivieren können. Die gute Nachricht ist: Sobald Sie sie entwickelt haben, werden Ihre Führungsqualitäten unaufhaltsam sein.

Heute zeige ich dir, wie du die Kraft gewinnst, in stressigen Zeiten nicht nur zu überleben, sondern auch am Leben zu bleiben, dein Team zu inspirieren und den Erfolg zu erzielen, von dem andere nur träumen. Auf dem Weg dorthin stellen wir einige gängige Überzeugungen in Frage und enthüllen die wissenschaftlichen Geheimnisse, die dahinter stecken, wie das Gehirn und der Körper uns helfen, Hindernisse zu überwinden. Wenn Sie also bereit sind, Ihre Führung zu wechseln, lesen Sie weiter. Resilienz ist keine Option, sondern eine Notwendigkeit für wahren Erfolg!

Was ist Resilienz?
Es geht nicht darum, Widrigkeiten standhalten oder Härten ertragen zu können. Es ist mehr als das. Die Fähigkeit, sich bei jeder Herausforderung anzupassen, zu wachsen und sich zu stärken. Eine starke Führungskraft ist nicht jemand, der nicht scheitern kann, sondern jemand, der aufsteigt und stärker, klüger und stärker als je zuvor zurückkommt.

Aber wie können wir unseren eigenen Widerstand aufbauen? Zunächst müssen wir verstehen, wie unser Gehirn funktioniert, wenn wir vor Herausforderungen stehen.

Die Wissenschaft der Resilienz: Wie das Gehirn Widrigkeiten überwindet

Das menschliche Gehirn ist darauf ausgelegt, Herausforderungen zu meistern. Wenn wir Ärger oder Stress erleben, aktiviert das Gehirn die Amygdala, die die Kampf-oder-Flucht-Reaktion steuert. Dies ist ein genetischer Überlebensmechanismus, der uns dazu bringt, auf Widrigkeiten zu reagieren. Wenn der Stress jedoch anhält, wird Ihre Fähigkeit, fundierte Entscheidungen zu treffen, beeinträchtigt und Ihr Gehirn beginnt, in einen Zustand geistiger Erschöpfung und Müdigkeit zu geraten.

Hier kommt die Widerstandsmagie ins Spiel. Ihr Gehirn hat eine erstaunliche Fähigkeit, sich anzupassen und zu erneuern, die als Neuroplastizität bezeichnet wird. Während du dich Herausforderungen stellst und sie überwindest, ordnet dein Gehirn die Verbindungen neu, um dich stärker zu machen. Das bedeutet, dass Sie aus

Seite 182

jeder Krise nicht nur etwas Wichtiges lernen, sondern auch besser auf die Zukunft vorbereitet sind.

Das Gehirn kann nicht nur mit Stress umgehen, sondern auch lernen, besser damit umzugehen und mit schwierigen Situationen im Laufe der Zeit umzugehen. Am wichtigsten ist, dass Resilienz das Ergebnis des Trainings deines Geistes ist, um bei jeder Herausforderung stärker zu sein.

Gängige Überzeugungen über Wellness in Frage stellen
Viele Menschen glauben, dass gesund zu sein bedeutet, keine Schmerzen oder Stress zu haben. Aber das ist nicht wahr. Resilienz ist nicht die Abwesenheit von Schmerz, sondern die Fähigkeit, sich dem Schmerz zu stellen und voranzukommen. Ein starker Führer ist nicht einer, der keine Angst hat, sondern einer, der trotz der Angst handelt.

Ein weiterer Mythos ist die Resilienz. Aber es geht nicht darum, "unzerstörbar" zu sein, sondern um Flexibilität, Anpassungsfähigkeit und die Fähigkeit, aus jeder Erfahrung zu lernen. Tatsächlich sind die stärksten Führungskräfte die Bescheidenen, die ihre Schwächen erkennen und diese Lektionen nutzen, um zu wachsen, anstatt sie zu verstecken.

Resilienz ist nicht etwas, das man hat, es ist etwas, das man kultiviert.

5 Strategien, um den Verstand einer Führungskraft zu entwickeln
Wenn Sie eine starke Führungskraft sein wollen, ist die gute Nachricht, dass Sie Ihr Gehirn trainieren können, um stärker zu sein, wenn Sie mit Herausforderungen

konfrontiert werden. Hier sind fünf Schlüsselstrategien, um genau das zu erreichen.

1. Entwickeln Sie eine wachstumsorientierte Denkweise.
Denken ist der Schlüssel zum Überleben. Wenn dein Verstand feststeckt, denkst du, dass du wenig Fähigkeit hast, mit Stress umzugehen oder Herausforderungen zu meistern. Aber wenn Sie eine wachstumsorientierte Denkweise annehmen, werden Sie jede Herausforderung als Chance sehen, zu lernen und sich zu verbessern. Sehen Sie sich nicht als jemanden, der von den Umständen beeinflusst wird, sondern als jemanden, der die Fähigkeit hat, sich anzupassen, zu lernen und voranzukommen.

Wie setzen Sie es um? Wann immer Sie vor einer Herausforderung stehen, stellen Sie sich diese Frage: "Was kann ich daraus lernen? Wie können wir unseren Ansatz in Zukunft verbessern?" Diese Denkweise wird Sie stärken und Ihnen helfen, Ihre Energie auf Lösungen statt auf Probleme zu konzentrieren.

2. Stärken Sie Ihre Psychologie.
Starke Führungskräfte kontrollieren ihre Emotionen. Es geht nicht darum, deine Emotionen zu unterdrücken, sondern darum, sie richtig zu verstehen und zu managen. Emotionale Intelligenz ermöglicht es Ihnen, zu erkennen, wann Stress Sie beeinträchtigt, und Maßnahmen zu ergreifen, um ihn zu vermeiden.

Übung: Schreibe täglich eine Liste deiner Emotionen. Denken Sie an die stressigste Zeit Ihres Tages und fragen Sie sich: "Warum bin ich so?" "Wie kann ich am besten mit solchen Situationen umgehen?" Emotionale

Intelligenz ermöglicht es Ihnen, kontrolliert zu handeln, anstatt impulsive Reaktionen zu zeigen.

3. Bauen Sie ein Unterstützungsnetzwerk auf
Niemand kann allein eine Führungskraft sein. Resilient zu sein bedeutet nicht, alles selbst zu machen. Starke Führungskräfte umgeben sich mit einem Team von Mentoren, loyalen Kollegen und einem engagierten Team, das sie unterstützt. Diese Menschen werden Sie nicht nur emotional unterstützen, sondern Ihnen auch wertvolle Informationen und kreative Lösungen liefern, an die Sie vielleicht nicht gedacht haben.

Tipp: Machen Sie die Zusammenarbeit zu einem zentralen Bestandteil Ihrer Führung. Machen Sie sich bewusst, dass die Stärken Ihres Teams Ihre Stärken sind.

4. Lehren Sie Mitgefühl und Flexibilität
Sensible Führungskräfte wissen, dass sie ihren Wert nicht beurteilen dürfen. Selbstliebe ist der Schlüssel. Erlaube dir, Fehler zu machen und dein bester Freund zu sein, anstatt dich selbst zu zerstören. Auch Einfachheit ist wichtig. Statt aufzugeben, wenn es mal nicht so läuft wie geplant, sollte man den Kurs korrigieren und neue Lösungen finden.

5. *Tipp:* Wenn Sie mit einem Scheitern konfrontiert werden, wiederholen Sie für sich selbst: "Scheitern ist normal. Ich werde von ihm lernen und mit mehr Weisheit voranschreiten." Regelmäßige Bewegung, eine gesunde Ernährung, ausreichend Ruhe und Achtsamkeit können viel für deinen Geist und Körper tun. Diese Gewohnheiten können die Auswirkungen von Stress reduzieren und Ihnen die Kraft geben, die Sie brauchen, um in schwierigen Zeiten stark zu bleiben.

Unterschätzen Sie nicht die Kraft einer guten Nachtruhe oder eines kurzen Spaziergangs, um den Kopf frei zu bekommen. Ihre Resilienz hängt von Ihrer körperlichen und geistigen Gesundheit ab.

Mut ist nicht optional: Er ist der Schlüssel zu Ihrem Erfolg
Als Führungskraft ist Mut die Fähigkeit, die Sie von der Mittelmäßigkeit unterscheidet. Es gibt dir die Kraft, Herausforderungen nicht nur zu meistern, sondern auch darin zu gedeihen. Der Aufbau von Resilienz ermöglicht es Ihnen, klare Entscheidungen zu treffen, Vertrauen in Ihr Team aufzubauen und in jeder Situation stark zu sein.

Wenn Sie bereit sind, Ihren Führungsstil zu ändern, implementieren Sie noch heute proaktive Strategien. Der Weg zum Erfolg ist voller Herausforderungen, aber jedes Hindernis ist eine Chance, die innere Stärke zu zeigen.

Es ist an der Zeit, aufzustehen und mutig zu führen! Die nächste Herausforderung wird deine Chance sein, zu glänzen. Ihr Erfolg beginnt jetzt.

Seite 186

James Lass

DER EINFLUSS DER UNTERNEHMENSKULTUR AUF DAS GEHIRN

Wie Sie Ihr Unternehmen von innen heraus transformieren können

Haben Sie sich jemals gefragt, warum manche Unternehmen immer den nächsten Schritt zu machen scheinen, während andere Schwierigkeiten haben, im Geschäft zu bleiben? Die Antwort liegt nicht nur in den Zahlen oder in der Geschäftsstrategie. Es ist eines der tieferen Dinge, die wir nicht oft sehen: die Unternehmenskultur.

Aber nicht "Buchstabenwerte" oder Wortanreize auf dem Flur. Eine Kultur der Zusammenarbeit hat einen direkten und messbaren Einfluss auf unsere Gehirnchemie und damit auf unsere Leistung, Gesundheit und vor allem auf das allgemeine Funktionieren der Familie. Warum? Denn das menschliche Gehirn ist mit der Umwelt und der Gesellschaft verbunden. Und was in der Unternehmenskultur passiert, passiert im Kopf jedes Mitarbeiters.

Heute bringe ich Ihnen etwas Neues: Die Unternehmenskultur entscheidet nicht nur über den Erfolg des Unternehmens, sondern prägt auch die Gehirne seiner Mitarbeiter. Vom Entscheidungsprozess über den Problemlösungsprozess bis hin zum Innovationsprozess. Ich verspreche Ihnen, dass die Ergebnisse länger anhalten werden, als Sie denken.

Der Verstand einer Führungskraft

Was ist Unternehmenskultur und warum ist sie so mächtig?

. Öffentliche Kultur ist nicht nur eine Sammlung von Werten oder ein Bild des Körpers. Mehr als das. Es handelt sich um eine Reihe von Überzeugungen, Verhaltensweisen und Gefühlen, die alle Handlungen und Entscheidungen innerhalb einer Organisation durchdringen. Kultur, ob bewusst oder unbewusst, ist das emotionale und soziale Umfeld, in dem wir uns jeden Tag bewegen.

Hier kommt die Neurowissenschaft ins Spiel. Das menschliche Gehirn ist darauf ausgelegt, sich an die Umwelt anzupassen und auf sie zu reagieren. Jedes Mal, wenn wir mit unserem Partner interagieren, erhalten wir emotionale Informationen, die wichtige Gehirnfunktionen in Bezug auf Stress, Belohnung, Motivation und Empathie aktivieren.

Stellen Sie sich vor, Sie arbeiten in einem Unternehmen mit einer Kultur, die harten Wettbewerb, destruktive Kritik und Ergebnisorientierung fördert. Ihr Gehirn ist immer in höchster Alarmbereitschaft und setzt Stresshormone wie Cortisol frei. Dies schadet nicht nur Ihrer psychischen Gesundheit, sondern verringert auch Ihre Fähigkeit, gute Entscheidungen zu treffen, lässt Sie härter arbeiten und verringert Ihre Innovationsfähigkeit.

Auf der anderen Seite hat das Gehirn in einer positiven, integrativen und kooperativen Kultur, in der Vertrauen die Norm ist, einen hohen Oxytocinspiegel, das "Vertrauenshormon". Dadurch fühlen Sie sich selbstbewusster, kreativer und vor allem bereit, Ihre Ideen zu teilen und Risiken im Zusammenhang mit Innovationen einzugehen.

Seite 188

Wie wirkt sich die Unternehmenskultur auf das Gehirn aus?

. Das Gehirn, ein biologisches Wunderwerk, ist sehr plastisch. Das bedeutet, dass wir uns entsprechend unseren Erfahrungen anpassen und verändern. Und die Emotionen unserer Arbeitskultur haben einen direkten Einfluss darauf, wie unser Gehirn kommuniziert und auf Probleme reagiert.

Eine Kultur des Vertrauens = mehr Kreativität und effektive Entscheidungsfindung
Wenn Sie sich an Ihrem Arbeitsplatz sicher fühlen, setzt Ihr Gehirn Oxytocin frei, das mit Vertrauen und Empathie verbunden ist. Oxytocin fördert die Zusammenarbeit und reduziert Ängste und öffnet den Weg für Kreativität und Innovation.

Mitarbeiter, die in einem Umfeld arbeiten, in dem sie sich unterstützt und vertrauenswürdig fühlen, stellen sich eher Herausforderungen, tauschen Ideen ohne Angst vor Verurteilung aus und arbeiten effektiv zusammen. Dies führt zu einer besseren Entscheidungsfindung, da sie nicht durch die Angst vor dem Scheitern gelähmt sind. Es ist ein guter Weg: Ein gutes Umfeld schafft ein produktives Gehirn, das gute Ergebnisse für das Unternehmen generiert.

Toxische Konkurrenzkultur = chronischer Stress und schlechte Entscheidungsfindung
Arbeitet man hingegen in einem wettbewerbsorientierten Umfeld und die Angst, Fehler zu machen, liegt die Abwehr im Abwehrmechanismus und setzt das Hormon Cortisol frei. Dieser chronische Stress verringert Ihre Fähigkeit, gute Entscheidungen zu treffen, da sich Ihr

Gehirn mehr auf die Gesundheit als auf das Denken konzentriert.

Langfristig kann chronischer Stress zu körperlicher und geistiger Ermüdung, verminderter Fruchtbarkeit und unbegrenzten Entscheidungen aus Angst oder Unruhe führen. Deine Kreativität stirbt und Kreativität wird zu einem gefährlichen Prozess voller innerer Spannungen. Die Freiheit geht verloren, weil der Geist nicht offen ist für Veränderungen, er ist verschlossen für die Angst.

Kultur der Zusammenarbeit = mehr Intelligenz und bessere Ergebnisse
Teams, die in einer kollaborativen Umgebung arbeiten, schneiden immer besser ab. In dieser Umgebung kommt es zu einer Erhöhung der Dopaminproduktion im Gehirn der Arbeiter, was das positive Sozialverhalten erhöht und den Menschen das Gefühl gibt, für die Zusammenarbeit belohnt zu werden.

Eine integrative und respektvolle Kultur der Zusammenarbeit verbessert die Intelligenz von Führungskräften und Teammitgliedern. Dies erhöht die Empathie, die Fähigkeit, auf die Meinung anderer zu reagieren, ohne zu reagieren, und die konstruktive Konfliktlösung. Dadurch fühlt sich das Team verbunden und motiviert, seine Ziele zu erreichen.

Entgegen dem gesunden Menschenverstand: Kultur ist kein "Bonus"
Shared Culture ist kein "Extra" oder ein "Bonus". Dies ist das Lebenselixier Ihres Unternehmens. Und nein, man kann es nicht dem Zufall überlassen. Die Kultur hat einen direkten Einfluss auf die mentale und emotionale Gesundheit Ihrer Mitarbeiter. Und hier ist eine große Offenbarung: Kultur beeinflusst die psychische

Gesundheit und Produktivität. Wenn Sie möchten, dass Ihr Team auf höchstem Niveau arbeitet, müssen Sie in eine Kultur investieren, die Vertrauen, Teamarbeit und emotionales Wohlbefinden fördert.

Tatsächlich zeigen Untersuchungen, dass Unternehmen, die ein inspirierendes, integratives und emotional sicheres Umfeld schaffen, 30 % produktiver, 40 % weniger profitabel und 50 % innovativer sind als Unternehmen mit toxischen oder apathischen Kulturen.

Wie man die Unternehmenskultur verändert: Schnell handeln
Wenn Sie sich selbst davon überzeugt haben, dass die Kultur einen echten Einfluss auf die Denkweise Ihres Teams hat, ist es an der Zeit, Maßnahmen zu ergreifen. Hier sind drei wichtige Schritte, um die Unternehmenskultur von innen heraus zu verändern:

Aufbau von Vertrauen und offene Kommunikation
Ein Ort, an dem Mitarbeiter ihre Meinungen und Bedenken äußern können, ohne Angst vor Verurteilung haben zu müssen. Eine offene und transparente Kommunikation fördert Vertrauen und Zusammenarbeit, die wesentliche Elemente eines emotional sicheren Umfelds sind.

Für beide Seiten vorteilhafte Zusammenarbeit, nicht nur Konkurrenz
Ändern Sie "alle für alle" in "zum Wohle aller". Es fördert die Zusammenarbeit, die Zusammenarbeit und den Aufbau von Beziehungen innerhalb des Unternehmens. Achten Sie darauf, Erfolge als Team zu feiern, nicht als Einzelpersonen.

Investitionen in die emotionale und psychische Gesundheit

Bieten Sie Wellness-Programme an, um Ihren Mitarbeitern zu helfen, Stress zu bewältigen und ein gesundes emotionales Gleichgewicht zu wahren. Ein gesundes Gehirn ist ein produktives Gehirn, und eine Kultur, die das Wohlbefinden der Mitarbeiter unterstützt, führt zu Innovation und Leistung.

Unternehmenskultur ist keine triviale Angelegenheit: Sie ist Ihr wertvollstes Kapital

Heute hat er gelernt, dass Unternehmenskultur keine "zusätzliche Schicht" des guten Wertes ist. Es ist die unsichtbare Kraft, die die Denkweise und Leistung Ihres Teams prägt. Wenn Sie dies nicht tun, verpassen Sie eine einmalige Gelegenheit, Ihr Unternehmen zu transformieren.

Nun, es ist Zeit zu handeln. Ihr Unternehmen hat eine riesige Chance, die darauf wartet, sich zu eröffnen, und diese Chance beginnt mit der Schaffung einer Kultur, in der es nicht nur um die Zahlen geht, sondern um das menschliche Gehirn, das dies möglich macht.

Machen Sie Ihre Unternehmenskultur zu einem starken Motor für Innovation, Zusammenarbeit und Exzellenz! Ihr Team und Ihr Unternehmen werden es Ihnen danken.

James Lass

WIE DIE UMWELT UNSERE NEURONALEN VERBINDUNGEN BEEINFLUSST

Die Wissenschaft, die Ihr Leben verändern kann

Wussten Sie, dass Ihre Umgebung die Macht hat, die Form Ihres Gehirns zu verändern? Was schwierig oder unklar erscheint, ist die Wissenschaft hinter den Neurowissenschaften. Wo du arbeitest, mit welchen Menschen du arbeitest und selbst die kleinsten Dinge in deinem täglichen Leben können dein Gehirn auf eine Weise verändern, die du dir nicht vorstellen kannst.

Das ist eine überraschende Tatsache, aber ich fordere Sie auf, über etwas Wichtiges nachzudenken: Sie können Ihre Umgebung kontrollieren, um die Fähigkeiten Ihres Gehirns auf unbegrenzte Weise zu nutzen. Und was in Ihrem Gehirn passiert, wirkt sich auf alles aus: auf Ihre Leistungsfähigkeit, Ihre Kreativität, Ihre Immunität, Ihre Entscheidungsfähigkeit und vor allem auf Ihr Glück und Ihre Gesundheit.

Heute schauen wir uns an, wie die Umgebung die Form Ihres Netzwerks verändern kann und wie Sie diese leistungsstarken Informationen nutzen können, um Ihr Leben und Ihre Arbeit zu verändern!

Das Gehirn: ein Organismus schlicht und einfach
Lassen Sie mich zunächst auf einen Glauben eingehen. Das Gehirn ist kein dauerhaftes Organ. Lange Zeit ging man davon aus, dass die neuronalen Verbindungen des Gehirns bis ins Erwachsenenalter intakt bleiben. Er ist

Der Verstand einer Führungskraft

eine Legende! Das Gehirn ist sehr plastisch, was bedeutet, dass es sich im Laufe des Lebens verändern, anpassen und verändern kann.

Diese Fähigkeit wird als Neuroplastizität bezeichnet und daher reagiert unser Gehirn nicht nur auf das, was wir lernen, sondern passt sich auch an die Umwelt an. Was du siehst, hörst, berührst, riechst und vor allem die Emotionen, die du erlebst, beeinflussen das Wachstum deiner Neuronen und ihrer Verbindungen. Die virtuelle Welt hat die Macht, Verbindungen im Gehirn neu zu schreiben.

Wie funktioniert dieser Prozess?
Das menschliche Gehirn besteht aus Milliarden miteinander verbundener Neuronen, die elektrische Signale und Signale verwenden. Dank dieser Beziehungen können wir lernen, Fragen beantworten, Emotionen bewältigen und Fähigkeiten entwickeln. Aber interessanterweise halten diese Beziehungen nicht lange.

Wenn Sie in einer positiven und reichhaltigen Umgebung voller psychischer und gesundheitlicher Herausforderungen leben, wird Ihr Gehirn stärker vernetzt. Neuronale Netze entwickeln sich, kognitive Fähigkeiten nehmen zu, das Gedächtnis verbessert sich und die Kreativität nimmt zu.

Auf der anderen Seite, wenn Sie von einer negativen oder stressigen Umgebung umgeben sind, kann Ihr Nervensystem geschwächt werden, Ihre kognitiven Fähigkeiten kommen zum Stillstand und Ihr Gehirn tritt in einen Kreislauf der Selbstverteidigung ein. Anhaltender Stress, Vernachlässigung oder

Energiemangel können Zellen schädigen und das Wachstum neuer Neuronen verhindern.

Ein positives Umfeld: Ihr Neuroplastizitätsmotor
Ein positives Umfeld lässt das Gehirn wachsen. Was bedeutet eine gesunde Umwelt? Alles Aktive und Konstruktive nährt deinen Geist:

Gesunde Beziehungen: Das menschliche Gehirn gedeiht, wenn es von unterstützenden Beziehungen umgeben ist. Oxytocin, bekannt als das "Liebeshormon", wird freigesetzt, wenn wir uns gut mit anderen verbinden und eine sichere Umgebung schaffen. Diese Interaktion verbessert nicht nur Ihre emotionale Gesundheit, sondern erleichtert auch das Lernen und die Entscheidungsfindung.

Problemstimulation: Ein problemliebendes Gehirn hält Sie konzentriert und motiviert. Der Stress und die positiven Erfahrungen, die wir erleben, wenn wir ein Problem überwinden oder etwas Neues lernen, aktivieren Teile des Gehirns, die mit Problemlösung, Innovation und Kreativität verbunden sind.

Reichhaltige Umgebung: Eine anregende Umgebung, in der Sie neue Ideen, Lerninhalte und Erfahrungen erwerben können, die die Entwicklung des Gehirns unterstützen. Kontinuierliches Lernen (sei es durch Bücher, Kurse oder tiefgründige Gespräche) führt zur Schaffung neuer Netzwerke, die den Geist verbinden und ihn entwickeln.

Meditation und Erholung: Auch das Gehirn braucht Zeit, um sich zu entspannen. Eine Umgebung, die Meditation, ausreichende Ruhe und Entspannung begünstigt, ermöglicht es dem Gehirn, sich zu erholen, was das Denken und die Entscheidungsfindung verbessert.

Die Auswirkungen einer schlechten Umgebung: verminderte Gehirnkapazität
Auf der anderen Seite verlangsamt Sie eine schlechte Umgebung und beeinträchtigt die Gesundheit Ihres Gehirns mehr, als Sie denken. Für diese Effekte gibt es viele Gründe:

Chronischer Stress: Chronischer Stress erhöht den Cortisolspiegel im Körper, was die Neuroplastizität hemmt. Zu viel Cortisol kann Gehirnzellen in Schlüsselbereichen wie dem Hippocampus schädigen und das Gedächtnis, das Lernen und die Entscheidungsfindung beeinträchtigen.

Toxisches Umfeld: Eine toxische Beziehung oder ein negatives Arbeitsumfeld erzeugt Stress und Misstrauen. Dies hemmt die Fähigkeit des Gehirns, effektiv und effizient zu denken, so dass es sich dafür entscheidet, impulsiv und defensiv zu sein. Anstatt neue Verbindungen zu schaffen, verharrt das Gehirn in einem ständigen Zustand der Wachsamkeit.

Fehlende geistige Stimulation: Das Gehirn braucht neue Erfahrungen und Herausforderungen. Wenn es nicht zu dem passt, was dich motiviert oder inspiriert, geht es in den automatischen Modus und "beendet" sich, wodurch die Fähigkeit verloren geht, sich an neue Situationen anzupassen oder neue Dinge zu lernen.

Die Macht, deine Umgebung zu verändern, dein Gehirn zu verändern

Seite 196

Wie können Sie also diese leistungsstarken Informationen zu Ihrem Vorteil nutzen? Die Lösung ist einfach, aber grundlegend: Schützen Sie die Umwelt und arbeiten Sie für Ihr eigenes Wohl. Hier sind einige wichtige Aktivitäten, die Ihr Gehirn durch die Umgebung verändern werden:

Umgeben Sie sich mit positiven und unterstützenden Menschen: Bauen Sie Beziehungen auf, die Ihre Gedanken und Gefühle nähren. Die Menschen um dich herum haben einen großen Einfluss auf die Struktur deines Gehirns.

Suchen Sie nach Herausforderungen, die Sie aus Ihrer Komfortzone herausholen: Scheuen Sie sich nicht, neue Herausforderungen anzunehmen, neue Dinge zu lernen oder Verantwortung zu übernehmen, die Sie dazu zwingt, zu wachsen. Das Gehirn braucht Herausforderungen, um zu wachsen.

Schaffen Sie eine anregende physische Umgebung: Ob zu Hause oder bei der Arbeit, stellen Sie sicher, dass Ihre Umgebung visuell anregend ist und Sie zum Arbeiten, Lernen und kreativen Denken inspiriert. Design, Farbe, natürliches Licht und Textur können Wunder für Ihr Gehirn bewirken.

Priorisieren Sie Ruhe und Entspannung: Ihr Gehirn braucht Zeit, um sich auszuruhen und neu zu sammeln. Meditation, die richtige Ruhe und der Kontakt mit der Natur können helfen, die Gesundheit des Gehirns wiederherzustellen.

Handeln Sie jetzt: Verändern Sie Ihre Umgebung, um Ihr Leben zu verändern

Dies ist kein vollständiger Ratschlag. Dabei handelt es sich um einen wissenschaftlichen Plan, der sofort angewendet werden kann. Ihr Umfeld beeinflusst nicht nur Sie, sondern kann Ihr stärkster Partner in Ihrer persönlichen und beruflichen Entwicklung sein. Wenn Sie Ihr Gehirn für den Erfolg optimieren möchten, besteht der erste Schritt darin, Ihre Umgebung zu verändern. Ihr Gehirn hat unbegrenztes Potenzial, es braucht nur die richtige Umgebung, um seine Arbeit zu erledigen.

Es ist an der Zeit, sich um Ihre Umwelt zu kümmern. Denken Sie daran: Das Gehirn beeinflusst nicht nur, was Sie tun, sondern auch, wie Sie Ihr Leben leben. Verändere deine Umgebung und du wirst dein Leben verändern.

GESTALTUNG VON UNTERNEHMENSKULTUREN, DIE DAS WACHSTUM BEGÜNSTIGEN

Der Schlüssel zu nachhaltigem Erfolg

In einer sich wandelnden Weltwirtschaft ist Wachstum keine Option, sondern eine Notwendigkeit. Hier ist die Wahrheit, die nur wenige Menschen hören wollen: Der Schlüssel zum langfristigen Erfolg liegt nicht in einzelnen Strategien, sondern in der Unternehmenskultur, die Sie schaffen. Wenn Ihr Unternehmen nicht darauf ausgelegt ist, Wachstum zu unterstützen, spielt es keine Rolle, wie gut Ihr Produkt ist oder wie talentiert Ihr Team ist. Man kann nicht zu weit gehen.

Warum ist die Unternehmenskultur der Motor für Wachstum? Kultur ist eine alltägliche Sache, weil sie nicht in die Werte eines Unternehmens eingeschrieben ist. Es ist das affektive, emotionale und Arbeitsumfeld, in dem Mitarbeiter kommunizieren, lernen, innovativ sind und sich weiterentwickeln. Die Kultur Ihres Unternehmens ist die Grundlage für die Entwicklung von Kreativität, Motivation und Erfolg.

Überlegen Sie nun, ob Sie diese Kultur verbessern können. Stellen Sie sich vor, Sie könnten ein Umfeld schaffen, in dem sich jeder inspiriert, herausgefordert und ermutigt fühlt, sein Potenzial auszuschöpfen. Das ist nicht nur ein Traum, es ist eine wissenschaftlich bewiesene Tatsache, die Sie heute verwirklichen können.

Der Verstand einer Führungskraft

Warum ist Kultur wichtiger denn je?
Es stellt die Vorstellung in Frage, dass Unternehmen allein aus Ideen und Visionen wachsen können. Natürlich ist es wichtig, eine klare Vision und eine gute Strategie zu haben, aber sie können ihr Potenzial nicht ausschöpfen ohne die Unterstützung einer Kultur, die Innovation, Lernen und Zusammenarbeit fördert.

Die Neurowissenschaft lehrt uns etwas Mächtiges: Das menschliche Gehirn lernt, passt sich an und wächst in der richtigen Umgebung. Dies gilt nicht nur für den Einzelnen, sondern auch für das kollektive Gehirn einer Organisation. Wenn Menschen das Gefühl haben, sich in einem Umfeld zu befinden, in dem Versuch, Irrtum und kontinuierliches Lernen geschätzt werden, ist das Ergebnis Wachstum für Einzelpersonen und Organisationen.

Forschung zur Entwicklung des Wachstums

Wussten Sie, dass Unternehmen, die Wachstum und Lernen fördern, engagiertere, kreativere und glücklichere Mitarbeiter haben? Das ist die Neurowissenschaft der Zusammenarbeit: Wenn man eine Umgebung schafft, in der Menschen ohne Angst vor dem Scheitern lernen können, aktiviert ihr Gehirn belohnungsbezogene Bereiche. Mit anderen Worten, sie haben positive Gedanken, die die Motivation und den Wunsch fördern, weiter zu lernen und zu wachsen.

Dies liegt daran, dass Oxytocin (das "Liebeshormon" oder Kommunikationshormon) bei Menschen in einem Umfeld erhöht ist, in dem Zusammenarbeit geschätzt wird. Diese Chemikalie im Gehirn fördert die Zusammenarbeit und das Vertrauen im Team. Umgekehrt erhöht ein Umfeld, das intensiven Wettbewerb oder die

Seite 200

Angst vor dem Scheitern fördert, das Stresshormon Cortisol und hemmt Kreativität, Innovation und Produktivität.

5 Tipps für die Schaffung einer Organisationskultur für Wachstum
Haben Sie sich jemals gefragt, wie ich mein Unternehmen in einen Ort für regelmäßiges Wachstum verwandeln kann? Die Antwort ist klar: Beginnen Sie damit, eine gute Kultur zu schaffen. Hier sind 5 Tipps, die auf Forschung und Erfahrung basieren und die Sie sofort anwenden können:

1. Schaffen Sie ein Umfeld für lebenslanges Lernen
Das Lernen sollte nie aufhören. Machen Sie lebenslanges Lernen zu einer Priorität. Bieten Sie regelmäßige Schulungen, ansprechendes Feedback und Möglichkeiten zur Förderung einer wachstumsorientierten Denkweise an. Die Mitarbeiter sollten das Gefühl haben, dass sie die Möglichkeit haben, Fehler zu machen und zu lernen, ohne Angst haben zu müssen, beurteilt zu werden oder zu versagen.

Die Forschung unterstützt diese Idee: Wenn Menschen die Möglichkeit haben, Fehler zu machen und aus ihnen zu lernen, fühlen sie sich stärker und werden daher innovativer und aktiver. Es ist eine Kultur, die Kreativität und Exzellenz fördert.

2. Bauen Sie Zusammenarbeit auf, nicht konkurrierende Teams
Es ist an der Zeit, mit dem Mythos aufzuräumen, dass nur "Konkurrenten" Großes leisten können. Die wahre Stärke einer Organisation liegt in den Gruppen, die sich gegenseitig unterstützen und Wissen teilen.

Die Neurowissenschaft bestätigt es: Wenn Menschen zusammenarbeiten, verbinden sich ihre Gehirne besser und schaffen eine Synergie, die in einem wettbewerbsorientierten Umfeld unmöglich wäre. Die Zusammenarbeit entfesselt die kollektive Kreativität und ermöglicht es jedem Mitglied, seine Stärken auf einzigartige Weise einzubringen.

3. Vertrauen Sie dem Rückgrat Ihrer Unternehmenskultur
Nichts behindert das Wachstum mehr als Zweifel. Ohne Vertrauen gibt es keine Innovation. Wenn Menschen das Gefühl haben, etwas bewirken zu können, ohne Angst haben zu müssen, beurteilt oder abgelehnt zu werden, entsteht ein psychischer Schaden und das Gehirn öffnet sich für neue Möglichkeiten.

Fördern Sie Ethik, Offenheit und Respekt. Die Neurowissenschaft zeigt, dass ein religiöses Umfeld Stress abbaut, die Produktivität steigert und das Zugehörigkeitsgefühl fördert, wodurch Loyalität und Engagement gesteigert werden.

4. Betrachten Sie das Scheitern als Teil des Weges zum Erfolg
Wenn es keine Arbeit gibt, gibt es kein Wachstum. Feiern Sie Lektionen, anstatt Fehler zu bestrafen. Lassen Sie das Scheitern zum Sprungbrett für zukünftigen Erfolg werden.

Wenn Unternehmen Fehler vermeiden können, wird das Gehirn immun gegen die psychologischen Auswirkungen der Angst. Die Mitarbeiter fühlen sich sicherer, kalkulierte Risiken einzugehen, die zu bedeutenden und beispiellosen Entdeckungen führen können. Die Angst vor dem Scheitern ist der größte Feind des Erfolgs.

Seite 202

5. *Verbessern Sie die allgemeine Gesundheit der Mitarbeiter*

Chronischer Stress und psychische Erkrankungen sind die stillen Feinde des Wachstums. Ohne Berücksichtigung der körperlichen und geistigen Gesundheit der Mitarbeiter wird die Unternehmenskultur ihr Potenzial nicht ausschöpfen.

Wichtig sind die Teilhabe an Gesundheitsdiensten, die Bereitstellung flexibler Arbeitsbedingungen und die Schaffung eines geeigneten Umfelds für die Vereinbarkeit von Beruf und Privatleben. Denken Sie daran, dass ein ausgeruhter und gesunder, kreativer und kollaborativer Geist unerlässlich ist.

Handeln Sie jetzt: Die Art und Weise, wie Sie wachsen müssen, liegt in Ihren Händen
Stellen Sie sich ein Unternehmen vor, in dem sich jedes Teammitglied unterstützt, wertgeschätzt und befähigt fühlt, sein volles Potenzial auszuschöpfen. Können Sie sich vorstellen, wie diese Wachstumskultur Ihr Unternehmen verändern kann? Dies ist keine langfristige Vision oder strategische Entscheidung; Dies ist der Schlüssel zu anhaltendem und breitem Erfolg.

Das Beste daran: Es ist immer griffbereit. Als Führungskraft sind Sie der Schöpfer der Kultur Ihres Unternehmens. Wenn Sie jetzt handeln und damit beginnen, eine Kultur zu gestalten, die Lernen, Zusammenarbeit, Vertrauen und Innovation schätzt, sind Sie auf dem wichtigsten Weg zu nachhaltigem, nie endendem Wachstum.

Verpassen Sie es nicht. Die Zukunft gehört denen, die eine Organisationskultur aufbauen, die auf nachhaltigem

Wachstum basiert. Sind Sie bereit, diese Reise zu beginnen? Es ist an der Zeit, Ihre Gewohnheit für sich arbeiten zu lassen.

James Lass

DIE NEUROWISSENSCHAFT VON ANERKENNUNG UND MOTIVATION

Das Geheimnis der Entfesselung des menschlichen Potenzials

Stellen Sie sich eine Welt vor, in der sich jedes Mitglied Ihres Teams energiegeladen fühlt und seine Motivation steigt, indem es einfach seine Stärken erkennt. Was wäre, wenn Sie wüssten, dass dies nicht nur eine emotionale Note ist, sondern die Neurochemikalien, die Ihr Unternehmen verändern könnten? Ja, die Neurowissenschaft des Erkennens ist so komplex, dass sie den Unterschied zwischen einem normalen Team und einem unaufhaltsamen Team ausmachen kann.

In einer Arbeitswelt, in der die Erwartungen hoch sind und der Wettbewerb hart ist, ist echte Anerkennung nicht nur eine freundliche Geste – sie ist der Schlüssel, um grenzenlose Energie in Ihrem Team freizusetzen. Und das Wichtigste: Alles liegt in Ihren Händen.

Wenn Sie der Meinung sind, dass Anerkennung eine unterhaltsame und vorteilhafte Strategie für die Mitarbeiter ist, denken Sie noch einmal darüber nach. Akzeptanz ist eng mit Motivation verbunden, und Motivation wiederum ist ein mächtiger Treiber für Leistung und Exzellenz. Möchten Sie wissen, wie? Hier erzählen wir es Ihnen mit der wissenschaftlichen Methode.

Die Kraft der Überzeugung: Die Wissenschaft hinter der Motivation

Die menschliche Motivation wird von komplexen Gehirnsystemen gesteuert, aber das Belohnungssystem ist der Schlüssel. Wenn wir jemanden treffen, setzt das Gehirn wichtige Chemikalien wie Dopamin und Oxytocin frei. Diese Neurotransmitter, Hormone genannt, wirken sich direkt auf unsere Emotionen aus. Dopamin motiviert uns, weiter zu handeln, weil es uns Freude und Zufriedenheit bereitet. Auch hier gibt uns Oxytocin das Gefühl, verbunden und Teil einer Gruppe zu sein.

Denken Sie nun daran, dass Sie jedes Mal, wenn sich jemand in Ihrem Team anstrengt, dies wirklich zu schätzen wissen. Das Erkennen aktiviert bestimmte Teile des Gehirns, die durch Belohnung oder körperliche Belohnung aktiviert werden. Dies wird nicht nur ihre derzeitige Einstellung verbessern, sondern auch ihre Bereitschaft erhöhen, sich weiter zu beteiligen. Das Gehirn sucht nach mehr solcher Belohnungen und schafft so einen Kreislauf der Selbstverstärkung.

Aber hier ist der Schlüssel: Echte Anerkennung hat eine nachhaltigere Wirkung als automatische Behauptungen über "gute Arbeit". Persönliche und persönliche Anerkennung schafft großartige Belohnungen für das Gehirn und befähigt die Mitarbeiter auf ein Niveau, das Sie sich nie hätten vorstellen können.

Warum reicht anonyme Beharrlichkeit nicht aus?
Das menschliche Gehirn ist darauf ausgelegt, Belohnungen zu suchen. Wenn ein Mitarbeiter Überstunden macht oder sich zu sehr bemüht, anerkannt zu werden, bekommt sein Gehirn nicht die Anerkennung, die es braucht. Im Laufe der Zeit kann dies dazu führen, dass Sie sich müde und gereizt fühlen und Energie verlieren. Anerkennung sorgt nicht nur für sofortige

Seite 206

Befriedigung, sondern bringt auch individuelle und Unternehmensziele in Einklang und schafft gemeinsame Ziele, die Beziehungen stärken.

Was passiert, wenn Menschen nicht erkannt werden? Nichtwissen aktiviert die Amygdala, den Teil des Gehirns, der mit Angst und Unruhe verbunden ist. Wenn diese Dinge außer Kontrolle geraten, können sie zu Depressionen, Angstzuständen und emotionaler Erschöpfung führen, die sich auf Ihre Leistung auswirken.

Kognitive Führungskompetenzen: Direkte materielle Ergebnisse

Effektive Führungskräfte sind sensibel für die Kraft des Gehorsams. Die Neurowissenschaft hat gezeigt, dass Führungskräfte, die die Leistungen ihres Teams anerkennen und feiern, nicht nur die Moral verbessern, sondern auch die Produktivität und Kreativität steigern. Ein motiviertes Teammitglied fühlt sich von einem Team geschätzt und geschätzt, dessen Arbeit sich für die Förderung der Unternehmensziele einsetzt.

Stellen Sie sich vor, Ihre Mitarbeiter wachen jeden Tag mit einem klaren Ziel auf und wissen, dass ihre Bemühungen bemerkt, geschätzt und belohnt werden. Ist das nicht der beste Weg, um Innovation, Produktivität und Arbeitszufriedenheit zu steigern?

Akzeptanz ist der Schlüssel, der den Motor bewegt
Es reicht nicht aus, nur "Danke" zu sagen. Um das Potenzial Ihres Teams optimal auszuschöpfen, muss die Anerkennung genau, zielgerichtet und zeitnah erfolgen.

Hier sind neurowissenschaftlich fundierte Strategien, die Sie sofort in die Praxis umsetzen können:

1. Identifizieren Sie die Motivation, nicht die Ergebnisse
Motivation hängt nicht nur von der Leistung, sondern auch vom Handeln ab. Wenn ein Mitarbeiter für seine kontinuierlichen Bemühungen anerkannt wird, auch wenn die Ergebnisse nicht gut sind, überkommt ihn ein Gefühl der Zufriedenheit. Akzeptanz erzeugt den Wunsch, sich weiter zu verbessern, weil das Gehirn Anstrengung mit Belohnung verbindet.

2. Seien Sie persönlich und spezifisch
Allgemeine "gute Werke" haben keinen Einfluss auf die persönliche Zustimmung. Die Anerkennung der besonderen Handlungen eines Mitglieds zeigt nicht nur, dass Sie sich um ein Mitglied kümmern, sondern aktiviert auch die Gehirnaktivität, die mit echter Wertschätzung verbunden ist. "Ich bin wirklich beeindruckt, wie Sie mit diesem Problem umgegangen sind" ist mächtiger als "gute Arbeit".

Die öffentliche Anerkennung ihrer Stärken bestärkt sie in der Überzeugung, dass das Unternehmen eine gute Arbeit schätzt. Es ist jedoch wichtig, es nicht zu übertreiben, denn wenn die Bewertung falsch oder übertrieben erscheint, kann sie ihre Kraft verlieren.

3. Urheberrecht Seien Sie pünktlich: Warten Sie nicht zu lange
Das Gehirn reagiert besser auf unmittelbare Belohnungen. Das unmittelbare Erkennen nach einer großen Anstrengung gibt unmittelbares Feedback, verstärkt das Verhalten und erhöht die Wahrscheinlichkeit, dass es sich in Zukunft wiederholt.

Seite 208

Warten Sie nicht eine Woche, um Ihre Erfolge zu realisieren, sondern tun Sie es jetzt.

4. Anmelden Schaffen Sie ein Umfeld der kontinuierlichen Beichte.
Verankern Sie Compliance in der Unternehmenskultur, so dass sie zu einer täglichen Gewohnheit wird, einem Verhalten, dem jeder im Unternehmen folgt.

Handeln Sie noch heute: Nutzen Sie das Potenzial Ihres talentierten Teams
Lassen Sie Ihr Team nicht scheitern oder sich unsichtbar fühlen. Die Macht der Verifizierung liegt in Ihren Händen. Ändern Sie das Spiel und machen Sie Ihr Team zu einem Motor für Energie, Kreativität und Produktivität, indem Sie die Bemühungen Ihres Teams anerkennen.

Anerkennung ist der Schlüssel, der die Tür zu großartiger Arbeit öffnet. Wenn Sie ein Team suchen, das engagiert und engagiert ist und sich immer auf Qualität konzentriert, sollten Sie noch heute damit beginnen. Lassen Sie Ihr Team nicht auf Wert und Zufriedenheit warten. Handeln Sie jetzt und schaffen Sie eine motivierende Kultur, die Ihr Unternehmen verändern wird!

INNOVATION UND KREATIVITÄT IN DER FÜHRUNG

Die Kraft, über den Tellerrand hinauszuschauen

Haben Sie sich jemals gefragt, was große Führungskräfte von durchschnittlichen Führungskräften unterscheidet? Die Antwort liegt in Kreativität und Innovation. Wenn Sie denken, dass Innovation in der Verantwortung von Forschungsteams oder technischen Abteilungen liegt, liegen Sie falsch. Kreativität ist kein Luxus; Dies ist eine wichtige Voraussetzung für moderne Führung.

In der schnelllebigen Geschäftswelt, in der der Wettbewerb nicht nur in Ihrer Stadt, sondern auf der ganzen Welt stattfindet, ist technische Führung keine Option – Sie müssen überleben, erfolgreich sein und sich abheben. Am wichtigsten ist, dass wir alle die Fähigkeit haben, Kreativität zu entwickeln. Der Schlüssel liegt darin, zu verstehen, wie das menschliche Gehirn funktioniert und wie man sein unendliches Potenzial nutzen kann, um Vision, Kreativität und Erfolg zu erzeugen.

Dieser Blog ist eine Herausforderung an gängige Überzeugungen. Wenn Sie jemals gedacht haben, dass Kreativität etwas für Künstler, Designer oder Erfinder ist, liegen Sie falsch. Gute Führung ist ein Work in Progress. Heute möchte ich Ihnen zeigen, wie die Wissenschaft der Technologie Ihren Weg als Führungskraft verändern und Ihnen zum Erfolg verhelfen kann.

Kreativität: Die verborgene Kraft erfolgreicher Führungskräfte

Wussten Sie, dass das Gehirn darauf ausgelegt ist, zu erschaffen? Von dem Moment an, in dem wir geboren werden, ist unser Geist ständig auf der Suche nach neuen Verbindungen, Ideen und Lösungen. Das wirkliche Problem ist nicht, dass wir nicht produzieren, sondern dass die meisten Führungskräfte nicht wissen, wie man produziert.

Wenn Führungskräfte vor schwierigen Entscheidungen oder unsicheren Zeiten stehen, ist Technologie ein Rettungsanker. Die besten Ideen kommen nicht aus festen, festen oder vorhersehbaren Quellen. Innovation lebt von Unsicherheit und kontrolliertem Chaos. Die kreativsten Köpfe sind diejenigen, die mit Unklarheiten umzugehen wissen, die Chancen sehen, wo andere Hindernisse sehen.

Das Gehirn wird auf komplexe Weise aktiviert, wenn wir mit Problemen konfrontiert werden. Die Bereiche des Gehirns, die für die Problemlösung verantwortlich sind, sind die gleichen Bereiche, die aktiviert werden, wenn neue Ideen generiert werden. Das bedeutet, dass die schwierigsten Momente die künstlerisch reichsten sein können. Stress scheint neue Wege zur Problemlösung zu fördern, und in dieser Umgebung hat das Gehirn keine andere Wahl, als außerhalb seiner normalen Grenzen zu denken.

Das künstliche Gehirn: Jenseits des Einfachen

Die Neurowissenschaft sagt uns, dass das Gehirn unglaublich flexibel ist: Seine Fähigkeit, sich zu verändern, zu verändern und neue Verbindungen zu schaffen, ist unendlich erstaunlich. Das bedeutet, dass jeder, unabhängig von seiner Position oder Situation, seinen Geist trainieren kann, um kreativer zu sein.

Das Gehirn ist kein festes Organ. Divergentes Denken wird angesichts eines neuen Problems oder einer neuen Herausforderung aktiviert und ist der Prozess, bei dem mehrere Ideen von Grund auf neu generiert werden. Diese Haltung ist der Kern der Innovation. Als Führungskraft kann Sie sich durch Ihre Fähigkeit, diese Art von Ideen in Ihrem Team zu fördern und anzunehmen, von den anderen abheben.

Neue Befugnisse in der Führung
Bei Innovation geht es nicht nur um gute Ideen oder Dinge; Es bedeutet auch eine agile und flexible Organisationskultur. Kluge Führungskräfte denken nicht nur anders, sondern schaffen auch ein Umfeld, das jeden zum kritischen Denken einlädt.

Innovationsführer sind Schöpfer neuer Möglichkeiten. Anstatt vorgegebene Antworten zu geben, stellen Sie kraftvolle Fragen, die Ihnen helfen, neue Dinge zu sehen. Sie sind Führungskräfte, die mentale Barrieren abbauen, ihre Teams herausfordern, über traditionelle Wege hinauszugehen, das Unbekannte zu erforschen und mit Hirnschmalz disruptive Ideen zu entwickeln.

Das Gehirn einer kreativen Führungskraft: Wie funktioniert es?
Wenn du mit Leidenschaft führst, entwickelst du einen offenen Geist, der eng mit der Neuroplastizität verbunden ist. Jedes Mal, wenn Sie an Ihre Grenzen gehen, sei es eine schwierige Entscheidung, eine neue Strategie oder die Neuerfindung des Rades, aktivieren Sie einen Teil

Ihres Gehirns, der als präfrontaler Kortex bezeichnet wird.

Dieser Bereich des Gehirns ist für die Planung, Entscheidungsfindung und Lösung komplexer Probleme verantwortlich. Je mehr Sie es verwenden, desto leistungsfähiger wird es und ermöglicht es Ihnen, schnellere Entscheidungen zu treffen, sich besser an Veränderungen anzupassen und eine breitere Perspektive zu entwickeln.

Drei Wege, um Führungsinteressen freizusetzen
Wenn Sie Ihren Führungsstil ändern und die Effektivität Ihres Teams steigern möchten, ist es an der Zeit, einige ernsthafte Schritte zu unternehmen, die von der Neurowissenschaft unterstützt werden. Updates sind nur einen Schritt entfernt!

1. Herausfordernde Konferenzen: Verlassen Sie Ihre Komfortzone
Die Kreativität wächst, wenn man sich von Standardlösungen entfernt. Als Führungskraft müssen Sie aus Ihrer täglichen Routine herauskommen und Ihr Team neuen Erfahrungen, Projekten und Aufgaben aussetzen, die es herausfordern, anders zu denken. Wenn das menschliche Denken aufhört, sich zu wiederholen, wird es intelligenter. Es wird empfohlen, es zu versuchen, obwohl ein Fehler optional ist. Fehler sind Artefakte der Kunst.

2. Denken Sie an die Zusammenarbeit: Schaffen Sie einen Raum, in dem Ideen frei fließen können. Die Förderung der sektorübergreifenden Zusammenarbeit und der konstruktiven Debatte ist für die Entwicklung transformativer Ideen unerlässlich. Unterschiedliche

Teams mit unterschiedlichen Ideen und unaufhaltsamen Kreativitätsmotoren.

3. Machen Sie das Scheitern zum Sprungbrett zum Erfolg
Kreativität braucht Mut. Als Führungskraft müssen Sie das Narrativ des Scheiterns ändern. Jeder gescheiterte Versuch sollte als Lernchance gesehen werden, nicht als etwas, wofür man sich schämen muss. Das Gehirn lernt am besten, wenn es mit Hindernissen konfrontiert wird, da es Bereiche des Gehirns aktiviert, die mit Resilienz und kritischem Denken verbunden sind. Ermutigen Sie Ihr Team, es auszuprobieren, und wenn die Ergebnisse nicht Ihren Erwartungen entsprechen, betrachten Sie "Scheitern" als einen Schritt in Richtung Innovation.

Handeln Sie jetzt: Es ist Zeit, Ihre Führungsqualitäten unter Beweis zu stellen!
Innovation und Kreativität sind nicht das Eigentum einiger weniger Privilegierter, wir alle können sie entwickeln. Wenn Sie die Führungskraft sein wollen, die Ihr Team braucht, ist es Zeit zu handeln. Hören Sie auf, darauf zu warten, dass die Dinge passieren, und beginnen Sie noch heute, Ihre Zukunft zu gestalten.

Unterschätzen Sie nicht die Macht der kreativen Neurowissenschaften. Wenn Sie erkennen können, wie Ihr Gehirn und das Gehirn Ihres Teams auf neue Herausforderungen und Ideen reagiert, sind Sie der Konkurrenz einen Schritt voraus. Innovation ist nicht nur ein Wettbewerbsvorteil, sondern die Veränderung, die Ihr Unternehmen benötigt, um sich auf dem globalen Markt abzuheben.

Seite 214

Es ist an der Zeit, Ihre Führung zu ändern! Verpassen Sie nicht die Gelegenheit, das grenzenlose Potenzial Ihres Geistes, Ihres Teams und Ihres Teams freizusetzen.

DIE BEZIEHUNG ZWISCHEN NEUROWISSENSCHAFTEN UND KREATIVITÄT

Entfesseln Sie Ihr unendliches Potenzial!

Kreativität ist kein Puzzle, das nur wenigen Künstlern oder Experten vorbehalten ist. NEIN Kreativität ist eine Fähigkeit, die wir alle haben. Aber was viele nicht wissen, ist, dass hinter aller Kreativität ein komplexer Tanz der Gehirnaktivität steckt, der, verstanden und angewandt, Ihr persönliches und berufliches Leben verändern kann.

Heute fordere ich euch auf, anders zu denken, die mentalen Barrieren abzubauen, die euch sagen, dass "ihr nicht kreativ genug seid" oder "Kreativität liegt nur in den Händen der Auserwählten". Die Neurowissenschaft sagt uns etwas anderes. Es sagt uns, dass wir alle die Macht haben, etwas zu erschaffen, weil das menschliche Gehirn darauf ausgelegt ist, innovativ zu sein, Ideen auf einzigartige Weise zu kombinieren und sich vor allem neu zu programmieren.

. Wenn Sie jemals gedacht haben, dass Kreativität bedeutungslos, unerreichbar oder nur dem "künstlerischen" Denken vorbehalten ist, ist es an der Zeit, noch einmal darüber nachzudenken. Die Neurowissenschaft der Kreativität hat neue Türen geöffnet, um zu verstehen, wie das menschliche Gehirn bei neuen Ideen und neuen Lösungen funktioniert und vor allem, wie wir diesen kreativen Prozess fördern können. Und das Wichtigste: Wir alle können es trainieren.

Die Wissenschaft des kreativen Gehirns: Wie funktioniert es?
. Die Schöpfung ist kein Geschenk Gottes. Es ist eine Gehirnfähigkeit, die trainiert und verbessert werden kann. Das menschliche Gehirn verfügt über eine erstaunliche neuronale Kapazität, was bedeutet, dass es im Laufe seines Lebens Informationen integrieren und sich an neue Denkweisen anpassen kann.

Wenn man mit einem Problem konfrontiert wird oder eine neue Lösung finden muss, arbeiten mehrere Teile des Gehirns:

Frontaler Kortex: Er ist dafür verantwortlich, Entscheidungen zu treffen, Pläne zu machen und klar zu denken. Dies ist der Teil des Gehirns, der arbeitet, wenn Sie anders denken müssen, d.h. wenn Sie sich mehrere Ideen oder Lösungen für dasselbe Problem ausdenken müssen.

Temporallappen: Dieser Lappen ist wichtig für die Verarbeitung von Erinnerungen und Emotionen und spielt eine wichtige Rolle für die Kreativität, indem er die Integration von Ideen in verschiedenen Bereichen ermöglicht. Die einzigartige Beziehung zwischen Ideen ist der Ort, an dem neue Ideen geboren werden.

Das limbische System: Das emotionale Gehirn, eine Quelle der Motivation. Kreativität entsteht oft aus dem Wunsch, aus dem Gefühl, etwas zu lösen oder etwas Neues zu schaffen. Je emotionaler du in ein Projekt involviert bist, desto kreativer kannst du werden.

Das soziale Gehirn: Kreativität hängt auch mit unseren Beziehungen zusammen. Das menschliche Gehirn ist darauf ausgelegt, zusammenzuarbeiten. In einem Umfeld, das die Zusammenarbeit fördert, können neue Ideen entstehen, indem Ideen geteilt und ein sicherer Raum für Ideen geschaffen wird.

Die Kraft der Neuroplastizität: Entdecken Sie Ihren kreativen Geist neu
Das Konzept der Neuroplastizität ist eine der spannendsten Entdeckungen der modernen Neurowissenschaften. Es bezieht sich auf die Fähigkeit des Gehirns, sich im Laufe des Lebens anzupassen, anzupassen und Muster zu ändern. Das bedeutet, dass Sie unabhängig von Ihrem Alter oder Ihrer Herkunft Ihr Gehirn trainieren können, kreativ zu sein.

Stell dir dein Gehirn als ein Netzwerk von Bahnen vor. Jedes Mal, wenn du eine neue Idee, eine neue Idee oder eine neue Lösung hast, schaffst du einen neuen emotionalen Weg. Je mehr Sie kreatives Denken üben, desto einfacher wird der Prozess. Wenn Sie auf ein Problem oder eine Problematik stoßen, sucht Ihr Gehirn zuerst nach dem Netzwerk, aber wenn es nicht genügend Kommunikation gibt, schafft das Gehirn neue.

Kreativität ist nicht nur Denken: Sie verbindet sich.

Kreativität bedeutet nicht nur, über etwas Neues nachzudenken. Es ist die Fähigkeit, seltsame Verbindungen zwischen scheinbar unzusammenhängenden Dingen herzustellen. Je mehr Sie üben, Verbindungen herzustellen, desto einfacher wird es für Ihr Gehirn sein, neue Ideen zu entwickeln.

Seite 218

Die Neurowissenschaft zeigt uns, dass Kreativität gedeiht, wenn Sie sich in einem Zustand der Entspannung oder des "Flows" befinden, wenn Sie aufhören zu denken und Ihrem Gehirn erlauben, sich von den Zwängen des linearen Denkens zu befreien. Denn wenn Sie sich ausruhen, kann Ihr Gehirn auf verschiedene Erinnerungen zugreifen und neue Assoziationen schaffen. Lassen Sie die Seele baumeln, erkunden Sie ohne Grenzen. Kreativität entsteht, wenn es keine Grenzen gibt.

Das Paradies erschaffen: Probleme lösen und Regeln brechen
Das Gehirn braucht Energie, um zu lernen, neue Verbindungen herzustellen. Einzigartige Herausforderungen und Erfahrungen eröffnen den Weg zu neuen Denkweisen. Das ist es, was kreative Führungskräfte ständig tun: Sie fordern ihre Komfortzone heraus, brechen ihre intellektuellen Regeln und wagen es, sich dem Unbekannten zu stellen.

Eine dynamische und flexible Umgebung, die zum Erkunden einlädt, ist ein großartiger Nährboden. Wissenschaftliche Untersuchungen haben gezeigt, dass, wenn sich eine Person psychologisch sicher fühlt, wenn sie keine Angst vor dem Versagen hat, ihr Gehirn neue Denkweisen eröffnet. Angst und Starrheit ersticken die Kreativität, aber Selbstvertrauen und Einfallsreichtum setzen sie frei.

Verändern Sie Ihre Kreativität: Werden Sie jetzt aktiv
Wenn Sie Ihrer Kreativität freien Lauf lassen wollen, müssen Sie heute damit beginnen. Die Neurowissenschaft ist klar: Kreativität ist nicht etwas,

mit dem wir geboren werden, sie ist etwas, das wir entwickeln. Was noch erstaunlicher ist, ist, dass Ihr Gehirn schneller reagiert, wenn Sie üben, über den Tellerrand hinauszuschauen.

Ich lade dich ein, dich mit neuen Dingen vertraut zu machen, deine mentalen Barrieren abzubauen und dein Gehirn von selbst verändern zu lassen. Hinterfrage deine Überzeugungen darüber, was du erreichen kannst. Stelle die schwierigen Fragen. Forschung. Das Wichtigste ist, dass du keine Angst vor dem Scheitern hast. Jeder Fehler ist eine Gelegenheit, ein neues Netzwerk zu schaffen.

Es ist an der Zeit, sich von seinen Grenzen zu befreien und die Tür zur Kreativität zu öffnen. Das menschliche Gehirn ist Ihr bester Freund. Nutzen Sie Ihre unendliche Kreativität und verwandeln Sie jede Idee in eine Fähigkeit.

TECHNIKEN ZUR FÖRDERUNG INNOVATIVER IDEEN IN TEAMS

Entfesseln Sie noch heute die kreative Kraft Ihres Teams!

Was wäre, wenn Sie jedes Arbeitstreffen in eine Fabrik guter Ideen verwandeln würden, in einen Ort, an dem Lösungen leicht und unmerklich fließen? Was wäre, wenn Sie die Geheimnisse Ihres Teams lüften und die Kreativität und Zusammenarbeit entfesseln könnten, die die Richtung Ihres Teams verändert haben?

Seite 220

Ich werde Ihnen eine unbestreitbare Tatsache sagen: Innovation ist kein Geschenk für einige wenige Privilegierte, sondern eine Fähigkeit, die jede Gruppe entwickeln, stärken und stärken kann. Das menschliche Gehirn ist darauf ausgelegt, neue Dinge zu schaffen, aber oft behindern das Arbeitsumfeld und die soziale Dynamik diesen Wissensfluss. Es ist an der Zeit, dies zu ändern.

Heute zeige ich Ihnen, wie Sie kreatives Denken in Ihrem Team anregen, gemeinsame Überzeugungen in Frage stellen und Ihnen neurowissenschaftlich fundierte Strategien an die Hand geben können, um das kreative Potenzial jedes Einzelnen in Ihrem Team freizusetzen. Innovation ist nicht nur möglich, sondern notwendig für den Erfolg und das Wachstum einer Organisation.

Gängige Mythen über Innovation
Lassen Sie uns zunächst einige weit verbreitete Mythen ansprechen, die ein Team daran hindern können, dies zu tun:

Mythos 1: "Innovation ist nur für Experten". Es geht nicht darum, eine zündende Idee aus dem Nichts zu entwickeln, sondern darum, ungewöhnliche Verbindungen herstellen zu können, wozu wir alle in der Lage sind, wenn wir im richtigen Umfeld arbeiten.

Mythos 2: "Innovation passiert automatisch." Das menschliche Gehirn braucht eine bestimmte Umgebung, um neue Ideen zu generieren. Wenn Sie nicht wissen, wie Sie diesen Raum erstellen können, wird der kreative Fluss scheitern.

Mythos 3: "Je mehr Ideen, desto besser." Manchmal kann eine kleine Veränderung in der Denkweise eines Teammitglieds die Tür zu einer Lösung öffnen, die es nie für möglich gehalten hätte.

Das Geheimnis der Innovation: Förderung des Gedankenflusses

Die Neurowissenschaften haben etwas sehr Mächtiges entdeckt: Das menschliche Gehirn ist sehr anpassungsfähig. Das bedeutet, dass sie, solange die richtigen Bedingungen geschaffen werden, trainiert und modifiziert werden können, um Fähigkeiten zu entwickeln. Was ist zu erreichen? Im Folgenden finden Sie einige hirnwissenschaftlich fundierte Strategien, die Ihr Unternehmen in einen nachhaltigen Ort für Innovation verwandeln können.

1. Schaffen Sie einen emotional sicheren Raum

Der Schlüssel, um die Kreativität Ihres Teams freizusetzen, liegt nicht darin, eine großartige Idee zu haben, sondern einen sicheren Raum zu schaffen, in dem sich die Menschen wohl fühlen, wenn sie Ideen austauschen, auch wenn sie verrückt oder beängstigend erscheinen. Wenn die Gruppe zuversichtlich ist, werden die Teile des Gehirns aktiviert, die mit kreativem Denken verbunden sind.

Die Neurowissenschaft sagt uns, dass die Angst vor Ablehnung oder Versagen die Amygdala (den Teil des Gehirns, der Angstreaktionen steuert) aktiviert und dadurch die Kreativität hemmt. Umgekehrt, wenn sich die Gruppenmitglieder unterstützt und akzeptiert fühlen, geht das Gehirn in die kognitive Freiheit über. Dies ist etwas, das Ihr Team ohne Einschränkungen berücksichtigen sollte.

Seite 222

2. Förderung der Wissensvielfalt
Kreativität entsteht nicht aus der Einheit des Denkens, sondern aus der Vielfalt des Denkens. Die besten Teams sind diejenigen, in denen Menschen mit unterschiedlichen Hintergründen, Fähigkeiten und Perspektiven zusammenkommen, um Probleme zu lösen. Wenn man mit Menschen arbeitet, die unterschiedliche Stile und Ideen haben, beginnt das Gehirn, seltsame Verbindungen herzustellen.

Fördern Sie unterschiedliche Perspektiven. Erlauben Sie jedem Gruppenmitglied, seine Ideen auszutauschen und Fragen zu stellen, die die gängige Meinung in Frage stellen. Die Neurowissenschaft sagt, dass das Gehirn aufleuchtet, wenn man auf neue und andere Reize trifft, je mehr neuronale Verbindungen es gibt, was zu einem intelligenteren Denken führt.

Divergentes Denken ist ein Prozess, bei dem das Gehirn mehrere Wege schafft, um ein einzelnes Problem zu lösen. Viele neue Ideen entstehen aus der Fähigkeit, über traditionelle Grenzen hinaus zu denken. Um diese Art des Denkens zu fördern, ist es wichtig, Übungen durchzuführen, die gegen die Norm verstoßen.

Tipp: Denken Sie ohne Urteil.

3: Klassisch, aber mit einer Neuheit: Anstatt Ideen zu überprüfen, sobald sie entstehen, ermutigen Sie sie, Sinn zu machen. Jede noch so seltsame Idee muss respektiert werden. Das kreative Gehirn funktioniert am besten, wenn es sich nicht beurteilt fühlt. Lassen Sie Ihre Gedanken ohne Unterbrechung fließen. Dann können Sie langsam die vielversprechendsten herunterladen.

Der Verstand einer Führungskraft

Vorgeschlagener Ansatz: "Was wäre, wenn
Stellen Sie überzeugende Fragen, die neue Möglichkeiten eröffnen. Zum Beispiel: "Was ist, wenn wir keinen Weg haben?", "Was ist, wenn alles, was wir wissen, falsch ist?" oder "Was ist, wenn das etwas völlig anderes ist?"

4. Inkubation: Geben Sie dem Gehirn Zeit zum Arbeiten

Eine der erstaunlichsten Möglichkeiten, wie das Gehirn neue Ideen hervorbringt, ist der Inkubationsprozess. Dies geschieht, wenn Sie Ihrem Gehirn erlauben, sich von Problemen "auszuruhen" und sich weiterhin Gedanken in Ihrem Unterbewusstsein bilden zu lassen.

Dein Gehirn ist nicht nutzlos, wenn du nicht tief über die Antworten nachdenkst. Stattdessen arbeitet es im Hintergrund, verarbeitet Informationen und sucht nach Mustern. In dieser Zeit werden die neuronalen Verbindungen gestärkt und die Kreativität entsteht auf natürliche Weise. Das ist es, was große Führungskräfte tun: Sie geben Raum zum Nachdenken und lassen neue Ideen entstehen, anstatt sie zu erzwingen.

5. Fördern Sie eine offene und nahtlose Zusammenarbeit

Kreativität gedeiht in einem offenen, kollaborativen Umfeld, in dem Ideen frei fließen und die Menschen keine Angst haben, ihre unstrukturierten Ideen anzubieten. Das menschliche Gehirn glänzt, wenn es Ideen in einer kollaborativen Umgebung austauschen kann.

Eine effektive Technik ist der Einsatz von Fokusgruppen, bei denen sich jede Gruppe gegenseitig ergänzt. Wenn Informationen geteilt werden, entstehen kreative Beziehungen. Schaffen Sie ein Umfeld, in dem jeder eine

Seite 224

Stimme hat und Ideen nicht abgelehnt, sondern übernommen werden.

6. Akzeptieren Sie das Scheitern als Teil des Prozesses
Die Angst vor dem Scheitern ist eines der größten Hindernisse für Innovationen. Das Gehirn muss Angst haben, sich mit neuen Ideen zu verbinden. Einfach und bequem, keine Lernkurve erforderlich. Lassen Sie Ihr Team Fehler machen, denn jeder Fehler ist ein weiterer Schritt in Richtung Innovation.

Was zu tun ist: Transformieren Sie Ihr Unternehmen in Richtung Innovation
Innovation ist nicht etwas, das nur wenige erreichen können. Dies ist eine Fähigkeit, die jedes Team erreichen kann, wenn die richtigen Bedingungen geschaffen werden. Als Führungskraft ist es Ihre Aufgabe, ein Umfeld zu schaffen, das konventionelle Weisheiten in Frage stellt, andere Ideen begrüßt, Fehler feiert und vor allem Ihr Team befähigt, ohne Grenzen zu denken.

Es ist an der Zeit, das kreative Potenzial Ihres Teams zu entfesseln, das, was Sie für möglich hielten, in Frage zu stellen und Ihre Perspektive auf das Neue zu ändern. Was du tust, ist nur der erste Schritt und dein Gehirn wird es dir danken.

Ergreifen Sie jetzt Maßnahmen und beginnen Sie mit dem Aufbau eines unaufhaltsamen Expertenteams!

Der Verstand einer Führungskraft

WIE MAN AUS EINSCHRÄNKENDEN DENKMUSTERN HERAUSKOMMT

Entfalten Sie jetzt Ihr Potenzial

Hast du dich jemals in einem Kreislauf von Gedanken festgefahren gefühlt, die dich zurückhalten? Gedanken, die dir sagen: "Ich bin noch nicht bereit", "Es macht keinen Sinn" oder "Ich kann es nicht", scheinen so wahr, so natürlich zu sein, dass wir sie oft nicht stören, wenn ich es dir sage. Sind sie einfach nur dumm? Du kannst sie ändern, du kannst sie loswerden und unbegrenzte Möglichkeiten für Erfolg, Glück und persönliches Wachstum freischalten.

Heute nehme ich dich mit auf eine Reise in dein Gehirn. Unser Ziel ist es, die Geheimnisse der limitierenden Faktoren zu lüften, herauszufinden, wie sie Ihr Potenzial einschränken, und Ihnen die wissenschaftlichen und praktischen Werkzeuge an die Hand zu geben, die Sie benötigen, um sie zu überwinden. Die Neurowissenschaft hat gezeigt, dass man seinen Geist neu verdrahten kann. Aber Sie müssen wissen, wie es geht, und vor allem können Sie noch heute loslegen.

Was ist geistige Behinderung?
Einschränkende Gedanken sind tiefsitzende Glaubenssätze, die wir über uns selbst, andere oder die Welt haben und die uns sagen, was wir tun können und was nicht. Diese Vorstellungen sind nicht wahr, sie sind eine Fehlinterpretation der Realität. Das Problem ist nicht, dass diese Gedanken existieren, sondern dass wir,

ohne sie zu hinterfragen, weiterhin so tun, als ob sie existieren.

Ein gängiges Beispiel für deduktives Denken ist ein Satz wie:

"Ich weiß nicht wie."
"Ich scheitere immer, also lohnt es sich nicht, es zu versuchen."
"Hier lebe ich, ich kann es nicht ändern."
Warum sind sie stark? Denn das menschliche Gehirn ist darauf programmiert, nach Kohärenz zu suchen, Wege zu finden, das zu wiederholen und zu bestätigen, was es bereits glaubt. Kurzum: Unser Gehirn liebt Vertrautes, auch wenn es uns zurückhält.

Die Wissenschaft hinter der Steuerung: Warum ist unser Gehirn so programmiert?
Wussten Sie, dass die Neurowissenschaften gezeigt haben, dass geistige Behinderung auf körperlichen und geistigen Prozessen im Gehirn beruht? Alles, was wir denken, glauben und erleben, hinterlässt Spuren in unserer Neurobiologie. Diese Prozesse werden als neuronale Verbindungen bezeichnet. Nervenverbindungen sind die Gedankenbahnen im Gehirn. Je öfter ein Gedanke wiederholt wird, desto stärker ist die Verbindung.

Emotionale Prozesse, die zum Beispiel mit Selbstkritik oder Versagensängsten zu tun haben, werden jedes Mal verstärkt, wenn du negativ über dich selbst denkst. Es schafft klar definierte Bahnen im Gehirn, die es einfacher machen, immer wieder über dieselbe Sache nachzudenken. Das Problem ist, dass diese Straßen mit der Zeit stark befahren werden. Ihr Gehirn beginnt, diese

Abkürzungen unbewusst zu verwenden, was das Gefühl der Unzulänglichkeit oder die Angst vor dem Versagen verstärkt.

Aber hier ist das Gute: Ihr Gehirn ist plastisch, es gibt etwas, das Neuroplastizität genannt wird. Kurz gesagt, es bedeutet, dass Sie den Kurs ändern und neue Beziehungen aufbauen können, die gute Ideen fördern, inspirieren und stärken.

Wie man Gedanken liest: Neurowissenschaftlich fundierte Strategien

1. Achte aufmerksam und hinterfrage deine Gedanken
Der erste Schritt besteht darin, diese limitierenden Muster zu identifizieren. Schauen Sie vorbei und sehen Sie, was Sie denken. Was ist der automatische Gedanke, der dir in den Sinn kommt, wenn du mit einem Problem konfrontiert bist? Was sagst du zu dir selbst, wenn du über ein neues Projekt nachdenkst oder ein Ziel erreichst?

Stellen Sie die wichtige Frage: Ist diese Idee wahr? Die Wissenschaft zeigt, dass unsere einschränkenden Überzeugungen Fehlinterpretationen sind. Das sind keine Fakten, sondern Annahmen, die auf Angst und vergangenen Erfahrungen beruhen. Diese Gedanken zu stellen und in Frage zu stellen, ist, als würde man seinen erstaunlichen Weg bremsen. Mache das jeden Tag, und du wirst feststellen, dass diese Gedanken nicht viel Macht über dich haben.

2. Definieren Sie Ihre persönliche Geschichte neu: von "Ich kann nicht" zu "Ich kann"
Es ist sehr wichtig, die Art und Weise zu ändern, wie du mit dir selbst sprichst. Negative Selbstgespräche führen

zu einem verminderten Stil. Die Forschung in den Neurowissenschaften zeigt, dass innere Geschichten eine wichtige Rolle dabei spielen, wie wir unsere Fähigkeiten und unser Potenzial wahrnehmen. Wenn du dir immer wieder sagst, dass du es nicht schaffst, beginnt dein Gehirn zu denken, dass es wahr ist.

Der Schlüssel liegt darin, diese Gedanken durch etwas Positives und Erreichbares zu ersetzen. Es geht nicht darum, etwas zu schaffen, das nicht wahr ist, sondern darum, sich auf seine Stärken und das zu konzentrieren, was man bisher erreicht hat. Schreibe deine Geschichte. Anstatt zu denken: "Ich schaffe es nicht", kannst du mit etwas beginnen wie: "Ich habe schon einmal Probleme überwunden und ich weiß, dass ich es wieder schaffen kann."

3. Üben Sie Meditation und Meditation
Meditation und Meditation sind mächtige Werkzeuge, um einschränkende Gedanken zu beseitigen. Die Wissenschaft beweist es: Meditation aktiviert den präfrontalen Kortex, den Bereich des Gehirns, der für rationales Denken und Selbstkontrolle verantwortlich ist. Dies wird dir helfen, den Kreislauf der negativen Gedanken zu durchbrechen und den Schritt zu gehen, sie ohne Urteil zu betrachten.

In der Praxis lehrt dich die Meditation, dir deiner Gedanken bewusster zu sein und zu entscheiden, was du wissen musst. Wenn ein einschränkender Gedanke auftaucht, kannst du, anstatt dich von ihm kontrollieren zu lassen, ihn loslassen und einen besseren Gedanken wählen. .
Nicht schlecht. Dankbarkeit ist eine der besten Möglichkeiten, dies zu erreichen.

Übe dich jeden Tag in Dankbarkeit. Erkennen Sie Ihre Errungenschaften an, egal wie klein sie sind. Dies unterstützt den Belohnungszyklus des Gehirns und setzt Dopamin frei, einen Neurotransmitter, der Motivation und ein Gefühl des Wohlbefindens erzeugt. Wenn Sie sich auf Ihren Erfolg konzentrieren, entwickeln Sie neue Strategien, die Ihnen helfen, zukünftige Herausforderungen mit Zuversicht zu meistern.

Seite 230

4. Halten Sie sich daran: Passen Sie Ihr Denken durch Wiederholung an

Der Schlüssel, um Ihre Gewohnheiten zur Gewichtsabnahme zu ändern, ist Ausdauer. Wenn Sie diese Techniken anwenden, wird es einfacher sein, neue Gewohnheiten des Geistes zu entwickeln. Suchen Sie nicht nach sofortigen Ergebnissen, aber wenn Sie sich nicht ändern, werden Sie den Beginn neuer neuronaler Verbindungen an den alten Stellen sehen.

Denken Sie daran, dass Neuroplastizität bedeutet, dass Sie Ihr Gehirn neu verdrahten können. Es ist harte Arbeit, Geduld und Ausdauer.

Es ist Zeit zu handeln!
Jetzt, da du weißt, wie du negative Gedanken loswerden kannst, ist es an der Zeit, das Gelernte in die Praxis umzusetzen. Brich die Ketten, die dich zurückhalten, verbinde dich mit deinem Gehirn und setze das unendliche Potenzial frei, das darauf wartet, entfesselt zu werden.

Das ist keine Option, du gehst morgen. Jeder Tag ist toll. Jeder Gedanke, den du veränderst, jede Handlung, die du unternimmst, um deine einschränkenden Überzeugungen in Frage zu stellen, ist ein Weg zur Veränderung. Lass dich nicht wieder von Angst, Zweifeln oder Unsicherheit beherrschen.

Handeln Sie jetzt! Fangen Sie noch heute an, die Kontrolle über Ihre Gedanken zu übernehmen und sehen Sie, welchen Unterschied es in Ihrem Leben machen wird!

PRAKTISCHE WERKZEUGE FÜR DIE NEUROBEWUSSTE FÜHRUNGSKRAFT

Erobern Sie Ihren Verstand, erobern Sie Ihr Team

Viele Führungskräfte denken, dass sie sich auf ihre Fähigkeiten, ihre jahrelange Erfahrung oder sogar ihre Leidenschaft verlassen müssen, um erfolgreich zu sein. Aber heute möchte ich Sie herausfordern, anders zu denken. Wahre Führung besteht nicht darin, was Sie zu tun wissen, sondern darin, wie Sie Ihr Herz und das Ihres Teams führen können. Das ist es, was eine neurobewusste Führungskraft auszeichnet: jemand, der die Macht seines Gehirns versteht und dieses Wissen nutzt, um klügere Entscheidungen zu treffen, sich mit seinem Team zu verbinden und es zu führen.

Können Sie aus der traditionellen Kultur aussteigen und eine positive Perspektive haben? Wenn ja, dann ist dieser Blog genau das Richtige für Sie.

Heute stelle ich Ihnen ein nützliches Tool vor, das auf neurowissenschaftlicher Forschung basiert und die Art und Weise, wie Sie führen, und die Art und Weise, wie

Ihr gesamtes Team arbeitet, verändern kann. Es ist an der Zeit, Ihre Chancen zu verbessern und zu lernen, wie Sie eine Führungskraft sind, die jeder bewundert und der jeder folgt. Und das Beste: Sie können jetzt loslegen.

Was ist eine rationale Führungskraft?
Bevor wir uns mit den Tools befassen, ist es wichtig zu verstehen, was es bedeutet, eine effektive Führungskraft zu sein. Eine Führungskraft in den Neurowissenschaften ist nicht nur jemand, der sich mit dem menschlichen Gehirn auskennt, sondern auch weiß, wie sich Gehirnstrukturen auf die Entscheidungsfindung, die Motivation und persönliche Beziehungen sowie die Unternehmensleistung auswirken.

Die neurobewusste Führung nutzt die Prinzipien der Neurowissenschaften:

Bewältigen Sie Stress effektiv.

Triff eine weise Entscheidung in deinem Herzen.
Steigern Sie die Kreativität und das Wachstum Ihres Teams.
Schaffen Sie Organisationskulturen, die Zusammenarbeit und Wohlbefinden fördern.
Bauen Sie Beziehungen zu allen Teammitgliedern auf.
Dieser Ansatz wird nicht nur Ihre Leistung als Führungskraft verbessern, sondern auch den Arbeitsplatz verändern, die Produktivität steigern, motivieren und Talente binden.

Tools, die der professionellen Führungskraft helfen
Jetzt, da Sie wissen, was eine kluge Führungskraft ist, lassen Sie uns einige Forschungstools und -techniken

untersuchen, die Sie heute einsetzen können, um Ihre Führung auf die nächste Stufe zu heben.

1. Immunität: der Schlüssel zur Entscheidungsfindung
In einer abgelenkten Welt ist die Fähigkeit, deine Gedanken zu kontrollieren, entscheidend. Studien haben gezeigt, dass Achtsamkeit den Bereich des Gehirns aktiviert, der für die rationale Entscheidungsfindung verantwortlich ist. Eine neurobewusste Führungskraft versteht, dass ihr Verstand ihr größtes Kapital ist, und lernt daher, sich auf das Wesentliche zu konzentrieren.

Wie kommt man dorthin? Üben Sie Achtsamkeit oder Zuhören mit Achtsamkeit. Der einfache Prozess, sich nicht auf die Gegenwart zu konzentrieren, ermöglicht es Ihnen, vergangene Ereignisse zu verstehen und Entscheidungen auf der Grundlage von Informationen und nicht von Emotionen zu treffen. Meditation verbessert die Funktion des präfrontalen Kortex, dem Zentrum des Denkens und der Entscheidungsfindung. Indem Sie Ihren Geist trainieren, präsent zu sein, entwickeln Sie Ihre Fähigkeit, auch in Krisenzeiten schnelle und genaue Entscheidungen zu treffen.

2. Neuroplastizität: Umprogrammierung Ihres Gehirns für den Erfolg Wussten Sie, dass Sie Ihren Geist neu trainieren können, um eine bessere Führungskraft zu werden? Wenn du, anstatt solche begrenzten Gedanken zu wiederholen, dich entscheidest, ein neues Gehirn zu erschaffen, das führen will, wird die Veränderung von Vorteil sein.

Wie geht es dir? Fordere die Grenzen deines Glaubens heraus. Wenn Sie denken: "Ich bin keine gute Führungskraft" oder "Ich bin nicht kreativ", ändern Sie diese Aussage. Konzentrieren Sie sich auf Ihre Erfolge, egal wie klein sie sind, und feiern Sie jeden Schritt auf dem Weg zu Ihrem Fortschritt. Die Wiederholung positiver und positiver Gedanken erhöht die Fähigkeit des Gehirns, sich auf Erfolg, Motivation und Selbstvertrauen zu beziehen. Durch die Wiederholung werden neue neuronale Bahnen gestärkt und schließlich zu einer neuen Denkweise.

3. Und die Forschung untermauert es: Wenn Sie Empathie zeigen, öffnen Sie Teile des Gehirns, die sich direkt auf Emotionen, Vertrauen und Verbundenheit auswirken. Eine neurobewusste Führungskraft versteht, dass Zusammenarbeit für Produktivität und Wert unerlässlich ist.

Wie benutzt man es? Beginnen Sie damit, Ihrem Team genau zuzuhören. Nicht nur, um ihre Worte zu hören, sondern auch, um ihre Wünsche zu verstehen. Verwenden Sie offene Fragen und geben Sie den Menschen Raum, ihre Meinung zu äußern. Stellen Sie Blickkontakt her, verwenden Sie unterstützende Gesten und zeigen Sie Wertschätzung für Ihre Herausforderungen und Erfolge. Dies schafft ein sicheres und kollaboratives Umfeld, in dem die Menschen ihre Ideen und Bedenken teilen möchten.

4. Stress bewältigen: Bleiben Sie ruhig
Stress ist einer der größten Feinde guter Entscheidungen. Eine neurobewusste Führungskraft weiß, dass Stress sich direkt auf ihr Gehirn auswirkt und ihre Fähigkeit einschränkt, klar zu denken und die richtigen Entscheidungen zu treffen. Aber Sie wissen auch, dass Stress unvermeidlich ist. Das Wichtigste ist, zu lernen, es zu kontrollieren.

Wie kommt man dorthin? Atmen Sie tief ein, wenn Sie das Gefühl haben, dass die Angst zunimmt. Tiefes Atmen aktiviert den Parasympathikus, der für die Beruhigung des Körpers und den Abbau von Stress verantwortlich ist. Atmen Sie 4-7-8 ein, atmen Sie 4 Sekunden lang ein, halten Sie den Atem 7 Sekunden lang an und atmen Sie 8 Sekunden lang langsam aus. Diese einfache Übung kann die Aktivität der Amygdala reduzieren, dem Teil des Gehirns, der für emotionale Reaktionen verantwortlich ist. Treffen Sie die am besten geeigneten Entscheidungen.

5. Positives Feedback: Fördern Sie positives Verhalten
Positives Feedback ist ein wirksames Instrument, um die Motivation und Leistung Ihres Teams zu verbessern. Die Neurowissenschaft hat gezeigt, dass positive Verstärkung die Belohnungszentren des Gehirns aktiviert und Dopamin, den Neurotransmitter für Freude und Motivation, freisetzt.

Wie implementiere ich? Achten Sie darauf, schnelles und spezifisches Feedback zu geben. Schätzen Sie die Arbeit Ihres Teams, nicht nur das Ende. Auf diese Weise verstärken Sie positives Feedback und steigern die Produktivität, Kreativität und das Engagement.

Sind Sie bereit, die neurobewusste Führungskraft zu sein, die Ihr Team braucht?
Eine neurobewusste Führungskraft zu werden, ist nicht nur ein Trend, sondern eine Revolution in der Führung. Trauen Sie sich, den Status quo in Frage zu stellen und Ihre Intelligenz zu nutzen, um unerwartete Ergebnisse zu erzielen?

Zeit zum Arbeiten. Beginnen Sie noch heute mit der Implementierung dieser Tools und sehen Sie, wie Ihr

Team darauf reagiert. Selbstbewusstsein, Mitgefühl und emotionale Kontrolle werden nicht nur Ihre Führung verändern, sondern auch das Umfeld und die Kultur Ihres Unternehmens.

Denken Sie daran: Veränderung beginnt bei Ihnen. Warten Sie nicht zu lange. Der allseits beliebte Leitfaden für das Neurobewusstsein wartet darauf, veröffentlicht zu werden. Es ist Ihre Zeit zu glänzen!

ÜBUNGEN ZUR VERBESSERUNG DER ENTSCHEIDUNGSFINDUNG

Fordern Sie Ihren Verstand heraus und transformieren Sie Ihre Führung!

Haben Sie sich jemals in einem Meer von Entscheidungen gefangen gefühlt? Dinge, die viel Gewicht haben, Dinge, die den Verlauf Ihres Lebens, Ihrer Karriere oder Ihres Geschäfts verändern können. Wenn Sie sich jemals gefragt haben, ob es eine Möglichkeit gibt, Entscheidungen mit größerer Klarheit, Zuversicht und Genauigkeit zu treffen, ist dieser Blog genau das Richtige für Sie.

Entscheidungsfindung ist nicht nur ein logischer Prozess, sondern eine Fähigkeit, die erlernt werden kann. Und das Beste daran ist, dass Sie kein Experte sein müssen, um das Problem zu beheben. Alles, was Sie brauchen, ist, zu verstehen, wie Ihr Gehirn funktioniert, und einige praktische Übungen zu verwenden, die Ihnen helfen, klügere und effektivere Entscheidungen zu treffen.

Stellen Sie sich Folgendes vor: Sie stehen vor einer wichtigen Entscheidung. Stress überwältigt dich, die Möglichkeiten vervielfachen sich und die Angst, einen Fehler zu machen, lähmt dich. Sie wissen vielleicht nicht, dass Ihr Gehirn darauf ausgelegt ist, effektive Entscheidungen zu treffen, aber Sie nutzen es möglicherweise nicht in vollem Umfang. Ich lade dich ein, deine Einstellung zu ändern, deine Gedanken neu zu ordnen, indem du eine Entscheidung triffst. Die Wissenschaft hält den Schlüssel in der Hand. Komm schon, nimm es!

Warum ist Entscheidungsfindung wichtig?
Die Entscheidungsfindung ist einer der komplexesten und wichtigsten Prozesse in unserem Leben. Von den einfachsten Entscheidungen im Alltag bis hin zu wichtigen Entscheidungen, die über die Zukunft Ihrer Karriere oder Ihres Unternehmens entscheiden können, basiert alles auf Gehirnprozessen. Glücklicherweise ist unser Gehirn aus Plastik, was bedeutet, dass wir üben und uns verbessern können.

Die Neurowissenschaft zeigt, dass mehrere Faktoren unsere Entscheidungen beeinflussen: Emotionen, Stress, einschränkende Überzeugungen und äußerer Druck. Wenn Sie jedoch Ihr Gehirn trainieren und einige mentale Übungen machen, können Sie schnellere und effizientere Entscheidungen treffen, die mit Ihren Zielen übereinstimmen.

Übung Nr. 1: Optionsanalyse nach der "Regel der drei Kreise"
Haben Sie jemals das Gefühl gehabt, dass Sie zu viele Optionen haben und nicht wissen, wo Sie anfangen sollen? Diese Übung ist perfekt, um Unordnung zu beseitigen und deinem Gehirn zu ermöglichen, sich auf das zu konzentrieren, was wirklich wichtig ist.

Wie man es macht:

Zeichne drei Kreise auf ein Blatt Papier.
Schreiben Sie im ersten Kreis alle Möglichkeiten auf, die Sie haben, auch die gefährlichsten oder unerwartetsten.
Schreibe im zweiten Kreis auf, was dir bei dieser Entscheidung wichtig ist (z.B. deine Werte, deine langfristigen Ziele, das Wohlbefinden deines Teams).

Schreiben Sie im dritten Kreis die kurz- und langfristigen Folgen jeder Entscheidung auf.

Die Drei-Kreise-Methode hilft Ihrem Gehirn, Informationen auf organisierte und übersichtliche Weise zu analysieren. Diese Übung macht Entscheidungen realer und ermöglicht es Ihnen, die Auswirkungen jeder Entscheidung klarer zu sehen. Wenn Sie Ihre Entscheidungen an Ihren Werten und Zielen ausrichten, werden Zweifel stark reduziert.

Übung Nr. 2: Das "10-10-10-Modell" zum Abbau von Stress und Ängsten

Stress ist einer der größten Feinde einer effektiven Entscheidungsfindung. Das trübt unser Urteilsvermögen, löst emotionale Reaktionen aus und führt dazu, dass wir schnelle Entscheidungen treffen. Das 10-10-10-Modell, das von der Autorin Suzy Welch erstellt wurde, ist eine einfache und effektive Übung, die Ihnen hilft, schwierige Entscheidungen zu relativieren.

Wie man es macht:

Überlegen Sie zunächst, wie Sie sich bei der Entscheidung fühlen werden, die Sie in 10 Minuten treffen werden. Wird es ein Gefühl des Friedens sein? Wegen Stress? Bereuen?

Zweitens, denken Sie darüber nach, wie Sie sich in 10 Monaten fühlen werden. Hat diese Entscheidung immer noch die gleichen Auswirkungen? Wie gewöhnen Sie sich daran?

Schauen Sie sich zum Schluss an, wie Sie sich in 10 Jahren fühlen werden. Werden Sie diese Entscheidung bereuen? Wärst du stolz auf das, was du getan hast?

Diese Übung ermöglicht es Ihnen, Entscheidungen aus einer anderen Perspektive zu sehen und hilft, die Angst vor Impulsen abzubauen. Indem Sie Ihrem Gehirn Zeit geben, die Auswirkungen einer Entscheidung in unterschiedlichen Zeitintervallen zu verarbeiten, können Sie fundiertere und rationalere Entscheidungen treffen.

Übung Nr. 3: "Entscheidungstagebuch" zur Klärung und Reflexion
Fühlen Sie sich überfordert von den ständigen Entscheidungen, die Sie treffen müssen? Das Schreiben von Entscheidungen ist ein mächtiges Werkzeug, das Ihr Gehirn trainiert, zu denken und aus jeder Entscheidung zu lernen.

Wie man es macht:

Nimm dir jeden Tag 5 bis 10 Minuten Zeit, um wichtige Entscheidungen, die du getroffen hast, in dein Tagebuch zu schreiben. Das kann etwas Großes sein, wie ein Jobwechsel, oder etwas Kleines, wie ein Wechsel des Dienstleisters.
Schreibe auf, welche Faktoren deine Entscheidung beeinflusst haben, wie du dich gefühlt hast, als du die Entscheidung getroffen hast, und was du aus dem Prozess gelernt hast.
Überprüfen Sie am Ende jeder Woche die Entscheidungen, die Sie aufgeschrieben haben. Sehen Sie irgendwelche Muster? Welche Entscheidungen sind leichter und welche schwieriger zu treffen? Welche Strategie haben Sie verwendet, um diese Entscheidung zu treffen?
Diese Übung hat zwei Effekte: Sie hilft Ihnen nicht nur, Ihren Geist zu trainieren, klarere Entscheidungen zu treffen, sondern ermöglicht es Ihnen auch, aus jeder

Erfahrung zu lernen und Ihren Entscheidungsprozess im Laufe der Zeit zu verbessern.

Übung Nr. 4: "Fortgeschrittene Entscheidungstechniken", um Ihr Selbstvertrauen zu stärken

Wenn Sie unter Druck Entscheidungen treffen, wird Ihr Gehirn leicht gestresst und zweifelnd. Diese Übung ermöglicht es Ihnen, schnelle und sichere Entscheidungen zu treffen, ohne die lähmende Angst, Fehler zu machen.

Wie man es macht:

Erstellen Sie eine Skala von 1 bis 10, wobei 1 eine Entscheidung mit geringen Auswirkungen (z. B. die Wahl des Mittagessens) und 10 eine Entscheidung mit hoher Auswirkung (z. B. die Annahme eines Jobs) ist.

Üben Sie schnelle Entscheidungen in alltäglichen Situationen, in denen das Risiko minimal ist. Welchen Film sollen wir uns zum Beispiel heute Abend ansehen? Welches Buch lesen? Welche Projekte sollten Sie zuerst starten?

Wenn Sie die Leiter hinaufsteigen, versuchen Sie, Entscheidungen schneller zu treffen, ohne zu viel über die Konsequenzen nachzudenken. Auf diese Weise üben Sie Selbstvertrauen und geistige Geschicklichkeit.

Diese Übung wird Ihnen helfen, besser mit Unsicherheiten umzugehen und Ihrer Intuition zu vertrauen, wenn Sie wirkungsvollere Entscheidungen treffen.

Übung #5: Die "Optionen anzeigen"-Methode für erweiterte Prognosen

Prognosen sind nichts für Spitzensportler oder dynamische Trader – sie sind ein mächtiges Werkzeug, mit dem das Gehirn über verschiedene Zukunftsszenarien nachdenkt und sich auf die Zukunft vorbereitet.

Wie man es macht:

Wenn du vor einer wichtigen Entscheidung stehst, schließe die Augen und stelle dir dein Leben vor, nachdem du jede Entscheidung getroffen hast.
Fragen Sie sich: Wie werde ich mich in Zukunft bei dieser Entscheidung fühlen? Wie wird es mein Leben und mein Leben verändern?
Es sollte nun mehrmals mit verschiedenen Optionen und Optionen gemacht werden. Dies hilft dem Gehirn, mentale Vorhersagen über das Ergebnis zu treffen.
Visualisierung kann Stress abbauen, die Klarheit erhöhen und Ihnen helfen, Entscheidungen zu treffen, die Ihr Leben beeinflussen.

Es ist an der Zeit, deine Meinung zu ändern!
Die erfolgreichsten Führungskräfte sind nicht nur in der Lage, schnell Entscheidungen zu treffen, sondern verfügen auch über Intelligenz, Selbstvertrauen und ein tiefes Verständnis des Gehirns, das ihre Entscheidungen beeinflusst. Es ist nicht nur Glück: Es trainiert Ihr Gehirn, kluge Entscheidungen zu treffen, die mit Ihren Zielen übereinstimmen.
Brich mit deinen alten Gewohnheiten, wasche die Ketten der Unwissenheit weg und beginne noch heute, dieses Spiel zu nutzen. Entscheidungsfindung ist eine Fähigkeit, die entwickelt werden kann, und je früher Sie damit beginnen, desto eher werden Sie erstaunliche Ergebnisse sehen.

Denken Sie daran, dass die wichtigste Entscheidung, die Sie hier treffen können, das Handeln ist. Die Zukunft erwartet dich und dein Verstand, der darauf trainiert ist, die richtigen Entscheidungen zu treffen, wird dein bester Freund auf deinem Weg sein.

Es ist Zeit zu regieren!

Seite 244

TECHNIKEN ZUM TRAINING VON EMPATHIE UND EMOTIONALER REGULATION

Transformieren Sie Ihre Führung und Ihr Leben

Wie du Geduld und emotionale Kontrolle entwickelst: Verändere dein Leben und dein Leben
In der heutigen schnelllebigen Geschäftswelt sind schnelle Entscheidungen und mutige Pläne wichtig, aber natürlich auch die Fähigkeit, mit Menschen in Kontakt zu treten. Das ist nicht nur "weiche" Kunst. Es ist der Schlüssel zum Erfolg, in Ihrem persönlichen und beruflichen Leben. Aber es ist etwas, das man kaufen kann. Die Wissenschaft bestätigt dies: Empathie und Emotionsregulation sind Fähigkeiten, die entwickelt werden können.
. Oder sind Sie in der Lage, in Zeiten hohen Drucks effektiv zu kommunizieren oder Entscheidungen zu treffen, ohne von Emotionen belastet zu werden? Wenn Sie dies erlebt haben, wissen Sie, dass es wichtig ist, diese Fähigkeiten zu kennen.

Sie wissen vielleicht nicht, dass Ihr Gehirn großartig darin ist, sich in diesen Bereichen zu verändern und zu verbessern, aber Sie können es auf wissenschaftlich bewiesene Weise trainieren, um es zu verbessern, nicht Ihre Regierung, aber es wird Ihr Leben verändern.

Es ist an der Zeit, tief verwurzelte Überzeugungen über Emotionen in Frage zu stellen. Das ist kein Hindernis, sondern ein Vorteil. Es ist nicht etwas, das kontrolliert

Der Verstand einer Führungskraft

werden sollte, es ist etwas, das trainiert werden kann. Deshalb zeigen wir Ihnen heute, wie es geht.

Warum ist es wichtig, Empathie und emotionales Management zu üben?
Emotionen sind nur eine Reaktion auf das, was mit uns passiert. Es ist ein innerer Kompass, der uns zeigt, was wir wollen und was wir fürchten, aber wenn wir nicht wissen, wie wir ihn richtig einsetzen sollen, wird er schweigen.

Mitgefühl ist vor allem die Fähigkeit, sich in die Lage einer anderen Person zu versetzen, ihre Gefühle zu verstehen und angemessen zu reagieren. Dies ist wichtig für eine Führungskraft, denn die emotionale Verbindung zu Ihrem Team, Ihren Kunden oder sich selbst ermöglicht es Ihnen, bessere Beziehungen aufzubauen, das Vertrauen zu stärken und die Zusammenarbeit zu stärken.

Beim Gesetz der Emotionen geht es jedoch nicht darum, unsere Gedanken einzuschränken, sondern darum, diese Emotionen direkt zu lenken. Emotionen sind mächtig und wenn wir gut mit ihnen umgehen, zwingen sie uns, fundierte Entscheidungen zu treffen.

Die Macht dieser beiden Fähigkeiten kann einzeln nicht gestoppt werden. Die gute Nachricht ist, dass Sie trainieren und sich um ihn kümmern können. Im Folgenden finden Sie einige praktische Möglichkeiten, mitfühlender, ehrlicher und produktiver zu sein.

Technik Nr. 1: "Aktives Zuhören und passive Reaktion"
Eines der größten Hindernisse für Empathie ist das aufmerksame Zuhören. In unseren täglichen Kämpfen hören wir oft die Antwort, anstatt sie zu verstehen.

Mitgefühl beginnt, wenn wir anderen wirklich zuhören, nicht nur ihren Worten, sondern ihren tiefsten Gefühlen.

Wie man es macht:

Hören Sie zu und reden Sie nicht. Lassen Sie die andere Person zu Wort kommen.
Behalten Sie Körpersprache, Gestik und Tonfall im Auge. Oft ist das, was nicht gesagt wird, genauso wichtig wie das, was gesagt wird.
Denke nach dem Zuhören über deine Gefühle nach. Verwende Sätze wie "Ich sehe, dass du dir darüber Sorgen machst" oder "Ich weiß, dass du dir darüber Sorgen machst".
Stellen Sie offene, durchdachte Fragen, wie z. B. "Was denken Sie darüber?" oder "Was möchten Sie ändern?"
Diese Aktivität hilft Ihnen, die Gefühle anderer kennenzulernen und Ihre Empathiefähigkeit zu stärken. Und nicht nur das, es schafft ein Klima des Vertrauens in Ihrem Team, das sich direkt in Produktivität und Zusammenarbeit niederschlägt.

Strategie #2: "Mentale Veränderungen für das emotionale Management"
Emotionen treten nicht ohne Grund auf. Unsere Veranstaltungsbeschreibungen sind Beschreibungen, die Emotionen hervorrufen. Der emotionale Prozess beginnt damit, die Art und Weise zu verändern, wie wir Situationen interpretieren und darauf reagieren. Hier kommt die kognitive Umstrukturierung ins Spiel, ein Prozess, der auf emotionaler Intelligenz basiert und es Ihnen ermöglicht, Ihre emotionalen Reaktionen auf schwierige Situationen zu ändern.

Wie man es macht:

Identifiziere die negativen Gedanken, die das Gefühl verursachen (z.B. "Das ist ein Unfall, ich kann es nicht reparieren").
Hinterfragen Sie die Stichhaltigkeit der Idee. Ist das schlimm? Gibt es irgendwelche Beweise dafür, dass das wahr ist?
Ersetzen Sie es durch positive Gedanken: "Das ist eine Herausforderung, aber ich habe die Fähigkeiten dazu" oder "Ich kann etwas Wichtiges aus dieser Erfahrung lernen".
Tief schauen, zur Ruhe kommen. Es sind vielleicht nur ein paar Sekunden, aber diese Sekunden machen den Unterschied. Die Übung
Es wird Sie darin schulen, Ihre Emotionen zu kontrollieren, und ermöglicht es Ihnen, auch in stressigen Situationen besser und ruhiger zu werden.

Technik #3: "Psychologische Analysetechnik"
Kritisches Denken ist eines der mächtigsten Werkzeuge, mit denen Sie Ihre Emotionen kontrollieren und Entscheidungen treffen können. Wenn wir gestresst, wütend oder traurig sind, reagieren wir schnell. Die Eltern ruhen sich aus. Anstatt glücklich zu sein, nimm dir etwas Zeit, um dich mit dir selbst zu verbinden.

Wie man es macht:

Bevor Sie auf eine emotionale Situation reagieren, halten Sie drei Sekunden lang inne (oder länger, wenn nötig). Atmen Sie tief ein.
Verbinden Sie sich mit Ihren Gefühlen: Was sind wahre Gefühle? Warum machst du das?

Seite 248

Überlegen Sie: Wie können Sie diese Situation lösen? Was ist Ihnen am Ende wichtig? Norm
über Auswahl und Ermessensspielraum. Reagiere ruhig, positiv und liebevoll.

Diese einfache Übung ermöglicht es Ihnen, die richtigen Entscheidungen zu treffen und impulsive Reaktionen zu vermeiden, die Ihren Vorgesetzten schaden können.

Technik #4: "Mitgefühl"
Wenn du tiefes und dauerhaftes Mitgefühl entwickeln möchtest, gibt es keine bessere Praxis als die Mitgefühlsmeditation. Diese Technik, "Metta" genannt, hilft dir, dich mit dem Leben anderer zu verbinden, während du an deinem inneren Frieden arbeitest.

Wie man es macht:

Setze dich an einen ruhigen Ort und schließe die Augen. Beginne damit, an jemanden zu denken, der dir nahe steht (Freund, Kollege) und wiederhole in deinem Geist: "Möge alles gut für dich gehen, mögest du glücklich sein, mögest du in Frieden und Glück sein." dein Leben für andere Menschen, auch für diejenigen, die dir nicht nahe stehen. Konzentriere dich darauf, ihnen alles Gute zu wünschen.

Öffnen Sie Ihr Herz für diese Menschen und fühlen Sie mit ihrem guten Leben.

Mitfühlende Meditation erhöht nicht nur Ihr Mitgefühl für andere, sondern reduziert auch Stress, verbessert Ihre Stimmung und verbessert Ihre Führungsqualitäten, indem sie einen positiven und offenen Geist fördert.

Es ist Zeit zu handeln!
Die heutige Welt braucht Führungspersönlichkeiten, die nicht nur weise und intelligent, sondern auch intellektuell

sind. Mitgefühl und emotionale Kontrolle sind mehr als nur zusätzliche Fähigkeiten; Es ist wichtig, ein Arbeitsumfeld zu schaffen, die Entscheidungsfindung zu verbessern und vertrauensvolle und dauerhafte Beziehungen aufzubauen.

Warum also warten? Die Wissenschaft ist auf Ihrer Seite: Sie können Ihr Gehirn trainieren, mitfühlend zu sein, Ihre Emotionen zu kontrollieren und letztendlich eine effektive, ausgewogene und mitfühlende Führungskraft zu werden.

Es ist Zeit, mit dem Üben zu beginnen! Ihre Zukunft als Führungskraft hängt davon ab, wie Sie Ihren Geist heute trainieren.

LEITFADEN ZUR INTEGRATION VON NEUROLEADERSHIP IN DEN ALLTAG

Transformieren Sie Ihre Führung und Ihren Geist

In der wettbewerbsintensiven und schnelllebigen Welt, in der wir leben, müssen wir nicht nur Spaß an dem haben, was wir tun, sondern auch einzigartig sein. Die Führungskräfte der Zukunft sind nicht nur kluge Menschen, sondern Menschen, die verstehen, wie ihr

Gehirn funktioniert und wie man es nutzt, um effektiv zu führen. Hier kommt Neuroleadership ins Spiel, eine Disziplin, die nicht nur die Art und Weise verändert, wie wir andere führen, sondern auch die Art und Weise, wie wir uns selbst führen.

Was wäre, wenn ich Ihnen sagen würde, dass das Geheimnis eines Führungswechsels nicht in alten Managementrichtlinien oder schnellen Entscheidungen liegt? Was wäre, wenn ich Ihnen erzählen würde, wie Ihr Gehirn auf Stress, Reize, Emotionen und Beziehungen reagiert? Neuroleadership ist der Schlüssel, um unbegrenztes Potenzial in Ihnen und den Menschen, die Sie führen, freizusetzen.

Die gute Nachricht ist, dass Neuroleadership nicht nur für Neurowissenschaftler geeignet ist, sondern dass Sie Neuroleadership auf sinnvolle und effektive Weise in Ihr tägliches Leben integrieren können. Und ich verspreche euch, dass die Veränderung tiefgreifend sein wird!

Was ist Neurotrend und warum beeinflusst es Sie? Neuroleadership ist eine Wissenschaft, die Neurowissenschaften und Führung kombiniert, um die Art und Weise, wie wir führen, zu verbessern. Diese Studie konzentriert sich darauf, zu verstehen, wie das menschliche Gehirn auf Führungssituationen reagiert, wie wir Entscheidungen treffen, mit unseren Emotionen umgehen und wie wir mit anderen interagieren.

Das Tolle an der Neurowissenschaft ist, dass sie uns nicht nur hilft, das Gehirn anderer Menschen zu verstehen, sondern uns auch die Macht gibt, unser eigenes zu verändern. Von der Entscheidungsfindung über das Stressmanagement bis hin zur Entwicklung emotionaler

Intelligenz gibt uns Neuroleadership wissenschaftlich erprobte Werkzeuge an die Hand, um unsere Leistungsfähigkeit und unser Wohlbefinden zu verbessern.

Neuroleadership in den Alltag integrieren: Ein Umdenken

Um Neuroleadership in den Alltag zu integrieren, müssen Sie keine plötzlichen Veränderungen vornehmen. Du solltest nur mit kleinen Veränderungen beginnen, Dingen, die deine Gedanken beeinflussen, Entscheidungen treffen und dich mit anderen verbinden. Hier sind einige der wirkungsvollsten Schlüssel, um Neuroleadership in Ihr tägliches Leben zu integrieren:

1. Die Art und Weise, wie wir Entscheidungen treffen, ändern: Handeln mit Sinn
Die Entscheidungsfindung ist eine der Säulen von Neuroleadership. Unser Gehirn ist es gewohnt, schnelle Entscheidungen zu treffen, aber nicht immer die richtigen. Emotionen und rationales Denken führen zu übereilten Entscheidungen, ohne alle möglichen Optionen und Konsequenzen zu berücksichtigen.

Lösung: Um Neuroleadership anzuwenden, sollten Sie eine Pause einlegen, bevor Sie große Entscheidungen treffen. Fragen:

Triff ich Entscheidungen auf der Grundlage meiner Gefühle oder meiner objektiven Daten?
Habe ich alle möglichen Ideen in Betracht gezogen?
Wie wirkt sich diese Entscheidung auf meine Mitglieder oder Stakeholder aus?
Diese Entspannung ermöglicht es Ihrem Gehirn, aus einem ruhigen, rationalen Zustand heraus zu arbeiten,

anstatt zu hetzen. Diese einfache Änderung kann den Unterschied zwischen einer reaktiven und einer revolutionären Entscheidung ausmachen.

2. Stressbewältigung: Du bist keine Maschine, du bist ein Mensch
Stress ist eine Konstante im Leben jeder Führungskraft. Stellenanforderungen, Erwartungen, Entscheidungen... All diese Dinge können zu viel Stress führen und bei unsachgemäßer Anwendung unsere Gesundheit und unsere beruflichen Beziehungen beeinträchtigen.

Hier vertritt der Neurowissenschaftler eine ganz andere Meinung: Stress ist nichts, was man um jeden Preis vermeiden sollte, aber man muss lernen, damit umzugehen. Das menschliche Gehirn reagiert, wenn es gestresst ist, mit einer Reihe von physiologischen Reaktionen. Wenn du jedoch trainierst, kannst du deine Stressreaktion ändern und sie nutzen, um deine Energie zu verbessern.

Eine "Good Stress"-Technik kann angewendet werden, um das Gehirn so zu trainieren, Stress als Chance für Erfolg und nicht als Ärger zu sehen.

Versuchen Sie Folgendes:

Wenn Sie das Gefühl haben, dass der Stress steigt, atmen Sie tief ein, um Ihr parasympathisches Nervensystem zu aktivieren (das es Ihnen ermöglicht, sich zu entspannen).
Ändere deinen Fokus: Anstatt zu denken: "Ich kann das nicht schaffen", denke: "Diese Herausforderung bereitet mich darauf vor, es zu tun."
Nutze Stress als Zeichen dafür, dass dein Gehirn an seiner Kapazitätsgrenze arbeitet.

3. Vernetzen und motivieren Sie Ihr Team: Nutzen Sie die Wissenschaft der Emotionen

Motivation und emotionale Verbindungen sind für Neuroleadership von grundlegender Bedeutung. Das menschliche Gehirn ist darauf ausgelegt, emotionale Verbindungen herzustellen, und diese Verbindungen spielen eine wichtige Rolle dabei, wie Menschen als Gruppe funktionieren.

Wenn Sie ein leistungsstarkes Team haben wollen, müssen Sie an jeden denken und ihn verstehen. Aber es reicht nicht aus, ein guter Kommunikator zu sein. Es ist notwendig zu verstehen, wie das Gehirn auf Reize reagiert.

Hier ist das Prinzip der "guten Belohnung" wichtig: Wenn dein Partner einen guten Job macht, weißt du, dass das Dopaminsystem direkt in seinem Gehirn arbeitet, was ihn motiviert, Gutes zu tun.

Vergessen Sie nicht, dass es für die Zufriedenheit Ihres Teams auch wichtig ist, ihm zu helfen, seine Emotionen zu kontrollieren. Mitfühlende Führungskräfte sind diejenigen, die Emotionen verstehen, nicht nur ihre eigenen, sondern auch die anderer, und entsprechend handeln.

4. Growth Thinking: Nicht nur für Sie, sondern auch für Ihr Team

Das Hauptziel von Neuroleadership ist das Wachstumsdenken. Diese Philosophie basiert auf der Idee, dass unsere Fähigkeiten, unser Wissen und unsere Fähigkeiten nicht festgelegt sind, sondern durch Anstrengung und Lernen entwickelt werden können.

Seite 254

Um dies auf Ihr tägliches Leben anzuwenden, beginnen Sie, sich wie ein Anführer zu verhalten. Haben Sie eine Herausforderung? Anstatt zu denken: "Ich kann das nicht tun", denke darüber nach: "Wie kann ich daraus lernen, um mich zu verbessern?" Dann teilen Sie diese Idee mit Ihrem Team.

Indem die Menschen ermutigt werden, ihre Schwächen während der Lerngelegenheiten zu sehen, werden Teile der neuronalen Plastizität in ihrem Gehirn aktiviert, was ihnen hilft, Konflikte zu überwinden und weiter zu wachsen.

Die Zukunft als neurobewusste Führungskräfte: Jetzt handeln
Neuroleadership ist nicht nur Aktion, es ist Reflexion. Dieser neurowissenschaftlich fundierte Ansatz wird nicht nur Ihre Leistung verbessern, sondern Sie auch menschlicher, klüger und effizienter machen.

Heute ist ein guter Zeitpunkt, um damit zu beginnen, diese Prinzipien in Ihr tägliches Leben zu integrieren. Die Wissenschaft kann Ihnen helfen. Die Vorteile sind nicht illusorisch, sie sind sofort sichtbar und greifbar. Neurobewusste Führung ermöglicht es Ihnen, mit Intuition, Klarheit und Mitgefühl zu führen, Entscheidungen zu treffen, Stress effektiv zu bewältigen und sich tief mit Ihrem Team zu verbinden.

Sind Sie bereit, die Zukunft der Führung zu verändern? Die Power steckt in deinem Gehirn und du kannst sie jetzt trainieren! Machen Sie noch heute den ersten Schritt in Richtung Neuroleadership und beginnen Sie, Ihr

Leben und Ihre Ergebnisse als Führungskraft zu verändern.

DIE ZUKUNFT DER TRANSFORMATIONALEN FÜHRUNG

Die Revolution, die Sie ignorieren

Haben Sie jemals gedacht, dass traditionelle Führung obsolet ist? Wenn ja, seien Sie ehrlich. Die Zukunft des kulturellen Wandels ist nicht nur ein Trend, es ist eine Geheimrevolution, die sich jetzt verändert und die Art und Weise, wie wir Führung verstehen, in den kommenden Jahren verändern wird!

Die transformationale Führung, die sich heute mehr darauf konzentriert, die Menschen, die Sie führen, zu motivieren, zu befähigen und zu verändern, entwickelt sich weiter. Es reicht nicht aus, eine inspirierende Führungskraft zu haben, die die Botschaft verbreitet. Zukünftige Führungswechsel werden auf Wissenschaft, Neurowissenschaften und einem tieferen Verständnis der Funktionsweise des menschlichen Gehirns basieren.

Seite 256

Aber es gibt noch etwas Wichtigeres: Diese neue Kultur bedeutet nicht nur, andere zu verändern, sondern auch sich selbst. Sind Sie bereit für eine Veränderung, die Sie von einem gewöhnlichen Chef zu einer außergewöhnlichen Führungskraft macht?

Die neue Ära der Führung: Von der Inspiration zum Wandel Die transformativen Führungskräfte von morgen werden nicht nur ihre Überzeugungen, das Verhalten ihres Teams und vor allem ihre Denkweise inspirieren, sondern auch verändern. Er ist eine Führungspersönlichkeit, die versteht, wie das menschliche Gehirn Informationen verarbeitet, wie es Entscheidungen trifft und wie es sich emotional mit anderen Menschen verbindet.

Diese neue Führung basiert auf drei Prinzipien:

Angewandte Neurowissenschaften: Zukünftige Führungskräfte führen nicht nur Menschen, sie kontrollieren das Gehirn. Dank der Neurowissenschaften wissen wir heute, dass das menschliche Gehirn nicht sehr widerstandsfähig ist (die sogenannte Neuroplastizität). Der nächste Change Leader wird dieses Wissen nutzen, um die Gedanken, Überzeugungen und Emotionen in seiner Organisation neu zu erschaffen, damit die Menschen nicht nur besser arbeiten, sondern sich auch intern verändern.

Empathie und Solidarität: Die Zukunft der Führung hängt nicht nur von Macht oder Autorität ab, sondern von echten Gefühlen. Untersuchungen zeigen, dass bei der Interaktion von Führungskräften mit ihren Teams kollaborative Prozesse geschaffen werden, um die Zusammenarbeit, das Vertrauen und die Produktivität zu steigern. Eine Führungskraft, die die Gehirne, Emotionen und Motivationen der Menschen versteht, hat die Fähigkeit, die Kultur eines Unternehmens zu verändern, um positiver und dynamischer zu werden.

Fokus auf Komfort: Zukünftige transformationale Führungskräfte konzentrieren sich darauf, ein sicheres mentales Umfeld zu schaffen, in dem Partner Risiken eingehen, Fehler machen und ohne Angst lernen können. Durch das Verständnis, wie sich Stress auf das Gehirn auswirkt und wie wichtig emotionales Management für eine hohe Leistung ist, können Manager sich um die Gesundheit ihres Teams kümmern, die Arbeit und die persönliche Entwicklung fördern.

Warum wird die Methode heute benötigt?
Wir leben in einer Welt, die sich schneller verändert als je zuvor. Die Technologie entwickelt sich rasant, die Erwartungen an den Arbeitsplatz steigen und die Unsicherheit ist konstant. Bei all dem können Organisationen nicht mit veralteten Managementsystemen weitermachen.

Traditionelle Führung, die sich nur auf Status, Kontrolle und Intelligenz konzentriert, funktioniert nicht. Das menschliche Gehirn reagiert nicht auf die gleiche Weise auf einen Führungsstil, der auf Angst oder kontrollierten Emotionen basiert. Wir brauchen Führungskräfte, die wissen, wie man Menschen auf einer tiefen Ebene motiviert, die auf einer emotionalen Ebene verbindet und die vor allem verstehen, wie Neuroplastizität genutzt werden kann, um kontinuierliches lebenslanges Lernen zu unterstützen.

Dieser Wandel ist dringend erforderlich. Die nächste Führungswelle wird nicht aus Führern bestehen, die Befehle erteilen. Bewertet von neurokognitiven Führungskräften, Menschen, die verstehen, wie das menschliche Gehirn auf Emotionen, Stress, Motivation und vor allem Beziehungen reagiert.

Wechseln Sie jetzt Ihre Führungskräfte: Was sollten Sie tun?
Wenn Sie Teil dieses Wandels sein wollen, reicht es nicht aus, darüber zu lesen oder sich über die neuesten wissenschaftlichen Forschungen zu informieren. Du musst es jetzt tun. Hier sind einige Schritte, die Sie jetzt unternehmen können, um sich in die neurobewusste Führungskraft zu verwandeln, die Ihr Unternehmen braucht:

Entwickeln Sie Ihr Bewusstsein: Bevor Sie andere führen, ist es sehr wichtig, Sie selbst zu sein. Überlegen Sie, wie Ihr Gehirn auf Stress, Angst und Konflikte reagiert. Denke jeden Tag an dich selbst. Wie fühlst du dich jetzt? Wie beeinflussen sie Ihre Entscheidung?

Empathie bewahren: Zuhören ist der Schlüssel zum Aufbau von Vertrauen. Hören Sie nicht auf die Worte Ihres Teams, sondern verstehen Sie seine Gedanken und Gefühle. Die Führungskräfte der Zukunft sind nicht diejenigen, die alle Antworten haben, sondern diejenigen, die wissen, wie man gute Fragen stellt und mit Menschen in Kontakt tritt.

Entwicklung der Neuroplastizität in Ihrem Team: Helfen Sie Ihrem Team, die Grenzen des Denkens zu verändern. Ermutigen Sie die Menschen, ihre Komfortzone zu verlassen. Denken Sie daran: Das Gehirn ist unzerstörbar.

Die Förderung von kontinuierlichem Lernen, Experimentieren und Kreativität ermöglicht es dem Geist, zu wachsen und sich an die Herausforderungen anzupassen, denen er gegenübersteht.

Es ist wichtig, die emotionale Stärke zu erhalten: Zukünftige transformationale Führungskräfte verstehen, dass Stress nicht nur negativ ist, sondern auch eine Chance für Wachstum. Helfen Sie Ihrem Team, die Moral zu verbessern. Resilienz bedeutet nicht, Probleme zu überwinden, sondern daraus zu lernen und zu wachsen.

Verbessern Sie Ihr Wohlbefinden: Nutzen Sie Strategien, um Stress am Arbeitsplatz zu reduzieren und die psychische Gesundheit zu verbessern. Schaffen Sie ein Umfeld, in dem sich Ihr Team sicher und frei fühlen kann, um innovativ zu sein, Risiken einzugehen und Ideen auszutauschen, ohne Angst vor Verurteilung haben zu müssen.

Ihre Zukunft als Change Leader beginnt heute
Die Zukunft der Change Leadership ist kein Luxus oder ein vorübergehender Moment: Sie ist ein dringendes Bedürfnis. Wenn Sie sich nicht an diesen neuen Ansatz anpassen, der auf Neurowissenschaften, Empathie und Neuroplastizität basiert, werden Sie in einer Welt zurückgelassen, in der die Kultur die Art und Weise, wie wir das menschliche Gehirn verstehen und verändern, vollständig beeinflusst hat.

Warten Sie nicht zu lange! Der Wandel beginnt heute. Das Eintauchen in die Zukunft der transformationalen Führung kann die Art und Weise verändern, wie Sie Ihr Leben, Ihr Team und Ihre Organisation managen. Sie sind einen Schritt näher daran, die Führungskraft zu werden, die die Welt braucht.

Handeln Sie jetzt, um Ihre Führung zu transformieren und Ihr Team auf ein neues Niveau von Erfolg und Wohlstand zu führen.

Der Verstand einer Führungskraft

WIE NEUROLEADERSHIP ERFOLG NEU DEFINIERT

Die mentale Revolution, auf die Sie gewartet haben

Das Konzept des Erfolgs bezieht sich auf die visuelle Geschichte: Verkäufe, Produkte, Bemühungen und Erfolge. Die Zukunft des Erfolgs ist jedoch nicht das, was Sie sehen. Was sich wirklich ändert, ist die Art und Weise, wie du denkst, fühlst und mit anderen umgehst. Hier kommt Neuroleadership ins Spiel. Wenn Sie jemals gedacht haben, dass es beim Erfolg darum geht, externe Ziele zu erreichen, machen Sie sich bereit zu sehen, dass die wahre Revolution in Ihrem Gehirn stattfindet.

Wiederherstellung des Erfolgs: jenseits der Zahlen Herausforderungen, eine europäische Herausforderung zu sein, mit tief verwurzelten Überzeugungen darüber, was Erfolg ist. Es geht nicht mehr nur darum, die Karriereleiter zu erklimmen oder Erfolge zu erzielen. Tatsächlich basiert langfristiger Erfolg auf einem tiefen Verständnis dafür, wie das menschliche Gehirn in den Bereichen Führung, Entscheidungsfindung, Motivation und zwischenmenschliche Beziehungen funktioniert.

Anstatt Menschen von außen zu kontrollieren, lehrt Neuroleadership, von innen heraus zu führen. Diese Änderung definiert, was eine Führungskraft ist. Es geht nicht nur darum, die Arbeit richtig zu machen, sondern darum, das volle Potenzial Ihres Gehirns und Ihres Teams zu nutzen, um eine tiefgreifende Wirkung zu erzielen.

Neuroleadership: Das Geheimnis zukünftiger Führungskräfte

Seite 262

Stellen Sie sich eine Führungskraft vor, die versteht, wie das Gehirn in Stresssituationen funktioniert, wie man in seinem Team innovativ ist oder wie man Neuroplastizität nutzt, um kontinuierliche Verbesserungen zu unterstützen. Dies ist der Führer der Zukunft. Und wenn Sie sich fragen, wie Sie einer werden können, ist die Antwort klar: Neuroleadership.

Neuroleadership ist nicht nur eine Theorie, sondern eine Disziplin, die die Prinzipien der Neurowissenschaften auf Führung anwendet. Es hilft Ihnen, menschliches Verhalten auf einer tieferen Ebene zu verstehen und dieses Wissen zu nutzen, um bessere Entscheidungen zu treffen, dynamischere Teams zu bilden und dauerhafte Beziehungen aufzubauen. Neuroleadership verändert nicht die Art und Weise, wie wir führen, sondern alles.

Warum wird Verhalten als Erfolg interpretiert?
Verbessert die Entscheidungsfindung: Neuroleadership hilft Ihnen zu verstehen, wie das Gehirn Entscheidungen trifft, insbesondere in Situationen. Angst und Unsicherheit aktivieren Teile des Gehirns, die uns dazu veranlassen, irrationale oder irrationale Entscheidungen zu treffen. Führungskräfte, die Neuroleadership praktizieren, wissen, wie sie das Gehirn beruhigen können, um gute, rationale Entscheidungen zu treffen. Dieses Verständnis kann die Art und Weise verändern, wie Sie komplexe Probleme lösen, und die Wahrscheinlichkeit kostspieliger Fehler verringern.

Innere Motivation schaffen: Neuroleadership-Fähigkeiten basieren nicht auf externen Anreizen wie Boni oder Überstundenprämien. Stattdessen konzentriert es sich auf die Motivation der Mitarbeiter. Wenn das Gehirn Ihres Teams von innen kommt, steigen Engagement,

Der Verstand einer Führungskraft

Kreativität und Produktivität dramatisch an. Es ist eine große Veränderung in der Einstellung, die die Menschen motiviert, nicht nur auf ein Ziel hinzuarbeiten, sondern auch eine emotionale Verbindung zu der Botschaft zu spüren.

Verbesserte zwischenmenschliche Beziehungen: Transformationale Führung auf Basis von Neuroleadership, die sich auf authentische Emotionen konzentriert. Wissenschaftliche Untersuchungen haben gezeigt, dass das menschliche Gehirn empfänglicher für Empathie und emotionale Bindung ist. Eine Führungskraft, die dies versteht, weiß, wie man funktionsübergreifende Teams aufbaut und wie man vertrauensvolle Beziehungen aufbaut, die zu dauerhaften Ergebnissen führen.

Verbesserte Resilienz und Ausdauer: Neuroleadership gibt Aufschluss darüber, wie sich das Gehirn an das Lernen anpasst. Stress kann zwar schlimm sein, aber er kann auch ein Wachstumsinstrument sein, wenn Sie wissen, wie Sie damit umgehen können. Führungskräfte, die Neuroleadership-Prinzipien anwenden, können Widrigkeiten in Chancen für Lernen und Wachstum verwandeln und so nicht nur für sich selbst, sondern auch für ihre Teams Resilienz aufbauen. 44 44 Es geht nicht nur um externe Ziele, sondern auch um das eigene Wachstum und die Wirkung auf andere.

Diese Methode hilft Ihnen, aus seit Jahren bestehenden Mustern auszubrechen, Ihre Überzeugungen darüber zu ändern, was Sie erreichen können, und eine wachstumsorientierte Denkweise zu entwickeln. Durch die Einbeziehung von Neuroleadership-Strategien entwickeln Sie sich nicht nur als Führungskraft, sondern werden zu einer vollständigeren Version Ihrer selbst.

Seite 264

Neuroleadership: Wie Sie Ihren Erfolg transformieren

Die Welt verändert sich rasant, und Erfolg ist kein Ziel mehr, das es zu erreichen gilt. Es ist ein kontinuierlicher Prozess des Wachstums, der Anpassung und des Lernens. Neuroleadership gibt Ihnen die Werkzeuge an die Hand, um sich nicht nur zu behaupten, sondern auch Ihr Leben, Ihre Arbeit und Ihr Umfeld zu verändern. Es lässt dich aus deinen Überzeugungen heraustreten und erkennen, dass du eine Führungskraft bist. Es bringt dich dazu, Dinge zu denken und zu tun, die die Zukunft verändern können.

Ihre Herausforderung: Seien Sie schon heute die Führungskraft von morgen

Keine Ausreden mehr. Die Zukunft des Erfolgs ist da und hängt von durchdachter Führung, Brainstorming und kontinuierlicher Verbesserung ab. Wenn Sie Teil der Neuroleadership-Revolution sein wollen, müssen Sie jetzt handeln. Sie können es kaum erwarten, dass sich etwas ändert. Neuroleadership ist der Schlüssel, um Ihr volles Potenzial auszuschöpfen und die Art und Weise zu verändern, wie Sie über Erfolg denken.

Jetzt ist es an der Zeit, den ersten Schritt in Richtung echter Veränderung zu tun. Hören Sie auf, den alten Regeln des Erfolgs zu folgen, und beginnen Sie, einen Führungsstil zu entwickeln, der auf der Realität basiert. Die Zukunft der Führung ist da. Und Sie können eine Führungskraft sein, die einen Unterschied macht.

Es ist an der Zeit, auf eine ganz neue Art und Weise zu führen!

Der Verstand einer Führungskraft

Seite 266

James Lass

DIE NÄCHSTEN SCHRITTE, UM ZIELGERICHTET UND BEWUSST ZU FÜHREN

Erwecken Sie den Führer, den die Welt braucht

Wir leben in einer Zeit großer Veränderungen. Die Regierung, wie wir sie kennen, wurde aufgegeben und die Zukunft sieht völlig anders aus. Sich von Zweck und Bewusstsein leiten zu lassen, ist keine Wahl, es ist ein Imperativ! Wenn du ein Führer bist oder danach strebst, einer zu sein, ist jetzt die Zeit, dein altes System zu verlassen und in ein neues Reich einzutreten, in dem dein Zweck und dein Bewusstsein deine Entscheidungen, Beziehungen und jeden Plan leiten werden.

Jetzt ist es an der Zeit, den nächsten Schritt in Richtung Führung zu gehen, die inspiriert, transformiert und transformiert. Doch wie erreicht man dies in einer Welt voller Unsicherheiten, Erwartungen und noch nie dagewesener Herausforderungen?

In diesem Blog lade ich Sie ein, zu erfahren, wie zielgerichtetes und bewusstes Führen nicht nur ein Weg zu dauerhaftem Erfolg ist, sondern auch ein Weg, um Ihren persönlichen, beruflichen und sozialen Einfluss zu steigern. Ich fordere Sie heraus, Ihre mentalen Barrieren abzubauen, Entscheidungen zu treffen und die visionäre Führungskraft zu werden, die unsere Welt braucht. Das Beste daran ist, dass es einfacher ist, als Sie denken, aber nur, wenn Sie bereit sind, den ersten Schritt zu tun.

Warum ist entschlossene Führung die Zukunft?

Auch heute noch arbeiten viele Führungskräfte mit dem Paradies der Vergangenheit: schnelle Ergebnisse, Macht über die Menschen, Kontrolle und niedrige Gewinnmargen. Aber hier ist die harte Wahrheit: Das Modell ist kaputt. Laut dieser Studie schafft eine Führung, die ausschließlich auf materiellen Zielen und objektiven Ergebnissen basiert, eine Organisation ohne Persönlichkeit.

Die wahre Stärke einer Führungskraft beruht auf ihrer Fähigkeit, zielgerichtet zu führen: mit einer klaren Vision davon, was sie erreichen wollen, aber auch mit einem tiefen Verständnis dafür, warum sie es tun. Diese Art der Führung geht über die Geschäftsziele hinaus und erreicht die tiefsten Teile der Menschheit: emotionale Verbindungen, positive Auswirkungen auf das Leben der Menschen und das kollektive Wohlbefinden.

Die unglaublichen Vorteile des Einsatzes von Absicht und Gewahrsein
Bauen Sie dauerhaftes Vertrauen und Sicherheit auf. Sie arbeiten nicht mehr für Geld, sondern für etwas, das ihnen einen Sinn gibt. Gemeinsame Ziele verbessern das Engagement, die Loyalität und die Produktivität. Emotionale Intelligenz richtet Ihre Entscheidungen mit dem Gemeinwohl aus, indem sie ein Umfeld des Vertrauens schafft, das sich auf alle Ebenen auswirkt.

Innovation und Kreativität
Kluge und entschlossene Führungskräfte schaffen ein Umfeld, in dem Kreativität und Innovation gedeihen können. Gewissenhaftigkeit und Offenheit für Neues beflügeln die Kreativität und ermöglichen es Ihrem Team, Lösungen zu finden, ohne Angst vor dem Scheitern zu haben. Diese Art der Führung macht Sie

nicht nur agiler, sondern ermöglicht es Ihrem Team auch, über den Tellerrand hinauszuschauen, neue Wege zur Problemlösung zu finden und revolutionäre Produkte und Dienstleistungen zu entwickeln.

Verbessern Sie die Entscheidungsfindung
Wenn du dich von deinen Zielen leiten lässt, denkst du klarer und fokussierter. Die Entscheidungsfindung wird zu einem durchdachten und informierten Prozess, der auf Ihre Werte und langfristigen Ziele ausgerichtet ist. Anstatt nachzudenken, ohne nachzudenken oder dem Druck nachzugeben, können Sie jede Situation bewusst analysieren und sicherstellen, dass jede Handlung mit Ihrer Vision und Ihren Werten übereinstimmt.

Verbessern Sie das Wohlbefinden Ihres Teams
Führung ist nicht nur wichtig für Ergebnisse, sondern auch für das Wohlbefinden des gesamten Teams. Entschlossene Führungskräfte fördern die geistige und emotionale Gesundheit, indem sie ein Umfeld schaffen, in dem die Vereinbarkeit von Beruf und Privatleben geschätzt wird. Die Wissenschaft zeigt, dass ein positives Arbeitsumfeld nicht nur die Produktivität steigert, sondern auch Stress, Fluktuation und Arbeitszufriedenheit reduziert.

Sie verändern die Organisationskultur
Organisationen mit intelligenter, zielgerichteter Führung können nachhaltige Organisationskulturen aufbauen. Ein Unternehmen definiert sich nicht nur über seine Produkte oder Dienstleistungen, sondern auch über die Art und Weise, wie es mit Menschen umgeht. Wenn Führungskräfte mit einem klaren Ziel führen und bewusst

handeln, werden Unternehmen zu Orten des Wachstums, der Inklusion und des Vertrauens, an denen sich die Menschen als Teil von etwas Größerem als sie selbst fühlen.

Die nächsten Schritte, um eine visionäre und entschlossene Führungskraft zu werden Wenn Sie das Gefühl haben, dass Ihre Führungskraft weiß, was auf Sie zukommt, Sie aber nicht wissen, wo Sie anfangen sollen, ist hier der erste Schritt, um Ihren Führungsstil zu ändern:

Verbinden Sie sich mit Ihren persönlichen und beruflichen Zielen

Habe einen Sinn, das "Warum" hinter allem, was du tust. Überlegen Sie genau, was Sie wirklich inspiriert, motiviert und was Sie als Vermächtnis hinterlassen möchten. Machen Sie es zu Ihrem eigenen Projekt. Sobald Sie sich über Ihre Ziele im Klaren sind, teilen Sie sie mit Ihrem Team und machen Sie sie zu einem Teil einer gemeinsamen Vision.

Achtsamkeit
Achtsamkeit ist ein mächtiges Werkzeug, um konzentriert zu bleiben, Stress abzubauen und klare, informierte Entscheidungen zu treffen. Nehmen Sie sich jeden Tag ein paar Minuten Zeit, um zu meditieren, tief durchzuatmen und über Ihren mentalen Zustand und Ihre Emotionen nachzudenken. Achtsamkeit ermöglicht es Ihnen, Ihren Geist zu beruhigen und sich auf den gegenwärtigen Moment zu konzentrieren, was für effektivere Entscheidungen unerlässlich ist.

Empathie und emotionale Intelligenz entwickeln

Seite 270

Entschlossene Führungskräfte konzentrieren sich auf die Menschen, nicht nur auf die Ergebnisse. Entwickeln Sie Empathie und verstehen Sie die Bedürfnisse, Gefühle und Sorgen Ihres Teams besser. Hören Sie genau zu, schätzen Sie Unterschiede und schaffen Sie ein Umfeld des Vertrauens. Emotionale Intelligenz hilft Ihnen, effektiv mit Ihren Partnern zu kommunizieren und Entscheidungen zu treffen, von denen alle profitieren.

Pflegen Sie eine Kultur des Verständnisses und der Wertschätzung
Als Führungskraft sind Ihre Handlungen ein Vorbild für andere. Seien Sie sich über Ihre Ziele, Vorgaben und Herausforderungen im Klaren. Schätzen Sie die Arbeit und die Leistungen Ihres Teams und erkennen Sie sie aufrichtig an. Diese Art der Führung schafft ein Umfeld, in dem sich die Menschen wertgeschätzt fühlen, und steigert so ihr Engagement und ihre Produktivität.

Suche nach Innovation im Dienste der Ziele
Es reicht nicht aus, Ziele zu haben; Man muss einen neuen Weg finden, das zu tun. Fördern Sie die Kreativität im Team, schaffen Sie ein Umfeld des kontinuierlichen Lernens und feiern Sie disruptive Ideen. Ständiger Wandel und Innovation sind der Schlüssel, um Ihr Unternehmen voranzubringen und eine nachhaltige Wirkung zu erzielen.

Es ist Zeit zu handeln: Die Welt braucht weise Männer
Jetzt, da du die Kraft des Lebens durch Absicht und Gewahrsein verstehst, ist der andere Weg klar: Es ist Zeit zu handeln. Du musst dich selbst ändern, nicht darauf warten, dass sich die Situation ändert. Die Zukunft gehört Führungskräften, die nicht nur wissen, wie man persönlichen Erfolg erzielt, sondern auch danach strebt,

Menschen und Organisationen positiv zu beeinflussen und zu verändern.

Du bist dran. Die Welt braucht Führungspersönlichkeiten wie Sie. Sind Sie bereit, den nächsten Schritt zu gehen und das Management von morgen zu definieren?

James Lass

LETZTE INSPIRATION

Die Auswirkungen neurobewusster Führung auf die Welt

Stellen Sie sich eine Welt vor, in der Führungskräfte nicht nur Ergebnisse erzielen, sondern auch gesunden Menschenverstand und Integrität in all ihren Entscheidungen haben. Eine Welt, in der Unternehmen nicht aufgrund ihrer Gewinne erfolgreich sind, sondern aufgrund der Auswirkungen, die sie auf die Menschen und die Welt haben. Eine Welt voller Verständnis, Wissen und Sinn ist der Motor des Fortschritts. Kommt Ihnen das bekannt vor? So ist es nicht. Diese Zukunft steht vor der Tür und Sie können die Führungskraft sein, die sie führt.

Neurokognitive Führung ist der Schlüssel, um Ihr Unternehmen und sogar die ganze Welt zu verändern. Und jetzt braucht die Welt mehr denn je Führungspersönlichkeiten, die es wagen, die Norm in Frage zu stellen, konventionelle Weisheiten in Frage zu stellen und Ansätze zu verfolgen, die auf Neurowissenschaften, Logik und Wahrheit basieren.

Dies ist ein Aufruf an euch, die ihr Führungspersönlichkeiten seid oder sein wollt, an euch, die ihr etwas Tiefes und Schönes hinterlassen wollt. Es ist an der Zeit, Führungsschritte zu gehen, die nicht nur an die Zukunft des Unternehmens, sondern auch an die der Menschen denken.

Leadership Neuroscience: Die Gaming-Revolution
Die Neurowissenschaft zeigt einige Veränderungen: Unser Gehirn ist nicht darauf ausgelegt, unter chronischem Stress, extremem Stress oder toxischen Arbeitsbedingungen zu funktionieren. Im Gegenteil,

Der Verstand einer Führungskraft

unser Gehirn gedeiht, wenn es sich in einer Umgebung befindet, die Gesundheit, Verbundenheit und Vertrauen fördert.

Und wie geht das? Aus neurokognitiver Sicht eine Führung, die die Wissenschaft des menschlichen Gehirns mit einem tiefen Verständnis menschlicher Emotionen, Gefühle und Beziehungen verbindet. Neurologische Führung ist mehr als nur Kontrolle; Es geht darum, die Energie des Gehirns zu kennen und zu beherrschen, die sich auf Leistung, Kreativität, Entscheidungsfindung und vor allem auf die Gesundheit auswirkt.

Indem Sie die Prinzipien der Neurowissenschaften auf das Management anwenden, befähigen Sie Ihr Team, Ziele zu erreichen und zu wachsen. Die Forschung zeigt, dass wir die Entwicklung, Motivation und Unterstützung in unseren Gruppen verbessern, wenn wir wissen, wie das menschliche Gehirn funktioniert. Das ist nicht streng oder traditionell; Er ist flexibel, mitfühlend und fürsorglich.

Schwierigkeit zu glauben: Führung, nicht Management
Viele Jahre lang wurden wir von der Idee überwältigt, dass gute Führung von der Fähigkeit abhängt, schnelle Entscheidungen zu treffen, zu verwalten und die Macht in den Händen einiger weniger zu halten. Aber dieses Produkt funktioniert nicht. Die Neurowissenschaft sagt uns, dass Stress, intensiver Wettbewerb und psychischer Stress die Intelligenz hemmen, die Kreativität verringern und letztendlich Organisationen schwächen.

Neuro Leadership hingegen stellt traditionelle Überzeugungen in Frage. Wahre Führung hat keine

Macht; Es geht darum, einen guten Eindruck zu hinterlassen. Wenn du aus dem Bewusstsein heraus führst, verstehst du, dass Menschen geschätzt, gehört und geschätzt werden wollen. Bewusste Führungskräfte sind diejenigen, die eine Denkweise schaffen, in der Zusammenarbeit die Norm und Innovation die Norm ist.

Neurobewusste Transformation von Führungskräften
Mit dieser Methode verändern Sie nicht nur die Art und Weise, wie Sie führen, sondern auch die Menschen um Sie herum. Hier sind die überraschenden Dinge und Veränderungen beim Einsatz von Smart Leadership: Es gibt viele Ideen unter klugen Menschen, weil sie das Gefühl haben, anders denken zu können, ohne Angst vor dem Scheitern zu haben. Das menschliche Gehirn ist darauf ausgelegt, in einer Umgebung zu erschaffen und zu erforschen, die ein Gefühl von Sicherheit und Neugier fördert.

Flexibilität und Anpassungsfähigkeit Eine Führungskraft in Neurowissenschaftlern führt nicht nur in Friedenszeiten, sondern entwickelt auch Flexibilität in Krisenzeiten. Die Neuroplastizität, die Fähigkeit des Gehirns, sich anzupassen und zu verändern, wird aktiviert, wenn Menschen sich positiv fühlen. Dies ermöglicht es Unternehmen, angesichts von Veränderungen und Unsicherheiten flexibler zu sein.

Verbesserung der Gesundheit und Arbeitszufriedenheit Untersuchungen zeigen, dass ein Arbeitsumfeld, das auf Vertrauen, Empathie und Zusammenarbeit basiert, Stress abbaut und positives Denken fördert. Das menschliche Gehirn reagiert gut auf gute Beziehungen, was dazu führt, dass die Menschen weniger beschäftigt und zufriedener mit ihrer Arbeit sind.

Entscheidungen sind klar und effektiv Neurobewusste Führungskräfte treffen Entscheidungen sehr sorgfältig, weil sie verstehen, wie sich Stress und Emotionen auf ihr Gehirn auswirken. Diese Art der Führung ist emotionaler, weniger energisch und emotionaler. Dadurch werden langfristig klügere und profitablere Entscheidungen getroffen.

Jetzt: Die Welt braucht neurobewusste Führungskräfte
Das ist die tiefere Wahrheit: Die Zukunft der Führung liegt in Ihren Händen. Das Neurowarehouse-Management ist der Schlüssel zum Erfolg von Organisationen und Gemeinschaften. Es ist die Antwort auf die Probleme, mit denen wir als Individuen, Gruppen, Unternehmen und Länder konfrontiert sind. Es ist ein Gegenmittel gegen die Konflikte, die Müdigkeit und die Spannungen, die viele Kulturen kennzeichnen.

Wenn Sie Teil dieser Revolution sein wollen, wenn Sie ein echter Anführer des Wandels sein wollen, besteht der erste Schritt darin, ein Bewusstsein dafür zu entwickeln, wie das menschliche Gehirn funktioniert, und Sie können dieses Wissen zu Ihrem eigenen Vorteil nutzen. Beeinflussen Sie Ihr Team.

Die Auswirkungen bewusster Führung beschränken sich nicht nur auf die Produktivität. Das ist sehr gewagt. Es kann die Gesundheit Ihrer Kollegen verändern, Kreativität und Innovation fördern und einen kulturellen Wandel bewirken, der sich auf Ihr Unternehmen, die Energie der Gemeinschaft und, warum nicht, auf die ganze Welt auswirkt.

Seite 276

James Lass

FINALE

Eine Zusammenstellung von Kapiteln aus "The Leader's Brain - Decisions that Impact and Transform" von James Lass

Das Gehirn der Führungskraft - Entscheidungen, die Auswirkungen haben und transformieren. Decision Making erforscht die Schnittstelle zwischen Neurowissenschaften und Führung und demonstriert ein Verständnis des Gehirns. Strategien können die Entscheidungen von Führungskräften und die Auswirkungen ihrer Führung auf ihre Teams und Organisationen verbessern. Durch einen wissenschaftlich fundierten Ansatz für das menschliche Gehirn stellt Russ die notwendigen Werkzeuge für Führungskräfte zur Verfügung, die effektive Entscheidungen treffen, gesunde Arbeitsplätze fördern und nachhaltige Leistungen erzielen wollen.

Im Folgenden habe ich die Hauptthemen des Buches geordnet und sie auf wissenschaftliche und dennoch zugängliche Weise erklärt, um Ihnen zu helfen, dieses Wissen in Ihrem Leben und Ihrer Führung anzuwenden:

1. Das Gehirn als Entscheidung

Zu Beginn dieses Buches wird betont, dass das Gehirn für alle Entscheidungen, die wir in unserem persönlichen Leben treffen, von entscheidender Bedeutung ist. Einfacher ausgedrückt besteht die Aufgabe des Gehirns darin, erfolgreiche Entscheidungen zu treffen, Energie zu sparen und unser Leben zu maximieren. Die Art und Weise, wie wir Entscheidungen treffen, ist jedoch nicht immer klar oder logisch.

Seite 278

Wissenschaftlich wissen wir, dass das menschliche Gehirn in mehrere Bereiche unterteilt ist, die zusammenarbeiten, um Entscheidungen zu treffen, aber Emotionen haben oft mehr Einfluss, als wir denken. Der präfrontale Kortex, der für rationale Entscheidungen verantwortlich ist, kann durch negative oder stressige Gedanken "verändert" werden, die die Amygdala aktivieren, einen Teil des Gehirns, der mit Angst und Überleben verbunden ist. Dies kann dazu führen, dass eine Person übereilte oder irrationale Entscheidungen trifft.

Laut Russ besteht die Herausforderung für Führungskräfte darin, zu lernen, diese Gehirninteraktionen zu verstehen und zu kontrollieren, um fundierte und angemessene Entscheidungen zu treffen.

2. Die Bedeutung der Gedankenkontrolle
Lass betont, dass Gedankenkontrolle eine wichtige Fähigkeit für Führungskräfte ist. Führungskräfte, die ihre Emotionen nicht kontrollieren können, können Entscheidungen unter Druck oder aufgrund starker Emotionen treffen, die sich negativ auf ihr Team auswirken können.

Aus neurowissenschaftlicher Sicht geht das Gehirn in den "Überlebensmodus", wenn Emotionen nicht kontrolliert werden, und hemmt unsere Fähigkeit, rational zu denken. Dies ist besonders gefährlich für Führungskräfte, die in Zeiten großer Krisen fundierte Entscheidungen treffen müssen.

Russ lehrt, dass Selbstkontrolle und mentales Bewusstsein Wege sind, mit Stress und Ruhe umzugehen, was zu einer effektiven Entscheidungsfindung führt. Achtsamkeitstechniken und Mind-Control-Training werden empfohlen, um die Entscheidungsfähigkeit des Gehirns zu verbessern.

3. Das SCARF-Modell und seine Auswirkungen auf die Führung

Einer der Hauptpunkte dieses Buches ist das von David Rock entwickelte SCARF-Modell, das erklärt, wie das Gehirn auf bestimmte soziale Faktoren bei der Arbeit reagiert. SCARF ist ein Akronym, das sich auf fünf Dinge bezieht, die unser Leben und unsere Arbeit beeinflussen:

S (Zustand): Das Gehirn reagiert auf Bedrohungen und erhöht den Zustand. Das Gefühl, Verantwortung zu verlieren oder zu gewinnen, aktiviert Bereiche des Gehirns, die mit Schmerz oder Lust verbunden sind.

C (Gewissheit): Unsicherheit erzeugt Angst, weil das Gehirn dazu neigt, Vorhersagen zu treffen. Führungskräfte müssen Mehrdeutigkeiten reduzieren, um den Stress für ihre Teams zu verringern.

A (Autonomie): Kontrolle des Hirnstamms. Mangelnde Autonomie aktiviert Bereiche des Gehirns, die mit Verletzlichkeit verbunden sind. Führungskräfte, die Autonomie fördern und ihre Teams befähigen, aktivieren Bereiche des Gehirns, die mit Motivation verbunden sind.

R (Relevanz): Das Gehirn sucht Verbindung und vertrauensvolle Beziehungen. Das Gefühl, in einer Gruppe "zusammen" zu sein, aktiviert Bereiche des Gehirns, die mit Glück verbunden sind.

F (Gerechtigkeit): Das Gehirn sucht Gerechtigkeit. Medizinische Ungerechtigkeit kann zu Depressionen und Angstzuständen führen, während Gerechtigkeit Gehirnschaltkreise aktiviert, die mit Glück und Harmonie verbunden sind.

Dieses Modell bietet Führungskräften eine klare Strategie für die Schaffung eines Arbeitsumfelds, das Motivation, Zusammenarbeit und Wohlbefinden fördert, um Teamproduktivität und -leistung zu erreichen.

4. Neuroplastizität und persönliches Wachstum

Lass diskutierte auch das Konzept der Neuroplastizität, das sich auf die Fähigkeit des Gehirns bezieht, sich selbst umzugestalten und sich an neue Erfahrungen, Lernen und Herausforderungen anzupassen.

In den Neurowissenschaften bedeutet Neuroplastizität, dass das Gehirn nicht fixiert ist; Das bedeutet, dass Führungskräfte neue Fähigkeiten entwickeln und Denkweisen ändern können, die den Erfolg behindern. So kann das Gehirn zum Beispiel darauf trainiert werden, in Stresssituationen gelassen zu handeln oder unter Druck fundierte Entscheidungen zu treffen.

Für Führungskräfte bedeutet das, dass es nie zu spät ist, das Problem zu beheben. Das kontinuierliche Üben kognitiver und emotionaler Fähigkeiten, wie z. B. Entscheidungsfindung oder Stressbewältigung, kann die Art und Weise, wie Sie Entscheidungen treffen und verwalten, erheblich verbessern.

5. Die Rolle des sozialen Gehirns in der Führung

In diesem Buch wird auch das Konzept des sozialen Gehirns diskutiert, das sich darauf bezieht, wie unser Gehirn im Umgang mit anderen Menschen reagiert. Die Forschung zeigt, dass soziale Beziehungen und soziale

Der Verstand einer Führungskraft

Interaktion Bereiche des Gehirns aktivieren, die für das Lernen, die Motivation und die Entscheidungsfindung wichtig sind.

Für Führungskräfte bedeutet dies, dass Engagement und emotionale Bindung zu ihren Teams notwendig sind, um ein positives und effektives Arbeitsumfeld zu schaffen. Führungskräfte, die vertrauensvolle und respektvolle Beziehungen aufbauen, aktivieren Teile des Gehirns, die mit Zusammenarbeit und Kreativität verbunden sind und ihren Teams helfen, besser zusammenzuarbeiten und Herausforderungen zu meistern.

6. Anstatt Entscheidungen oder Entscheidungen zu treffen, die ausschließlich auf Intuition basieren, müssen neurokognitive Führungskräfte innehalten, nachdenken und über alles nachdenken.

Dieser Führungsstil hilft, Vorurteile und kognitive Verzerrungen zu vermeiden, die Entscheidungen beeinflussen können, wie z. B. Bestätigungsfehler (nur nach Informationen suchen, die unsere Überzeugungen bestätigen) oder Voreingenommenheit (Übertreibung von anfänglichen Informationen, die wir verstehen). Zu einer klugen Entscheidungsfindung gehört auch die Fähigkeit, sich Unsicherheiten zu stellen und sich an neue Situationen anzupassen.

7. Der Einfluss der Organisationskultur auf das Gehirn
Lass untersucht die Auswirkungen der Organisationskultur auf die Gehirne der Mitarbeiter. Ein stressiges Arbeitsumfeld, Wettbewerb oder mangelnde Unterstützung können chronische Stressreaktionen im Gehirn hervorrufen, die zu einer verminderten Leistung, Energie und psychischen Gesundheit führen.

Seite 282

Darüber hinaus aktiviert eine Arbeitskultur, die gegenseitigen Respekt, Zusammenarbeit und das Wohlbefinden der Mitarbeiter fördert, Bereiche des Gehirns, die mit intrinsischer Gesundheit und Motivation verbunden sind, und schafft ein Umfeld, in dem sich die Mitarbeiter engagiert und produktiv fühlen.

Führungskräfte müssen die Macht der Führungskultur erkennen, um die Denkweise ihrer Teams zu verändern und letztendlich ihre Leistung zu verbessern.

Fazit:
Durch das Verständnis, wie das Gehirn auf Stress, Emotionen und Beziehungen reagiert, können Führungskräfte ihre Verhaltensweisen und Strategien ändern, um die Teamleistung und das Wohlbefinden positiv zu beeinflussen.

Lass erinnert uns daran, dass es bei guter Führung nicht nur um Führungsqualitäten oder -techniken geht, sondern um ein tiefes Verständnis dafür, wie Entscheidungen und Beziehungen das Gehirn von Menschen beeinflussen. Führungskräfte, die diesen neurowissenschaftlichen Ansatz nutzen, sind besser gerüstet, um die Herausforderungen des heutigen Arbeitsumfelds zu meistern und die Art und Weise, wie sie einzigartige Lösungen liefern, zu verändern.

Empfohlene Lektüre zu Neurowissenschaften und Führung

1. Das Gehirn des Frontmanns von David Rock

2. *Neurowissenschaften für Führung* von Jeffrey Schwartz und Sharon Begley

3. Daniel Golemans emotionale Intelligenz

4. David McRaneys Wissenschaft des Erfolgs

5. *Neurokognitive Führung* von José Luis López Vázquez

6. *Der resonante Leader erschafft mehr* von Richard Boyatzis und Annie McKee

7. John K. Coyles Neurowissenschaft für den Erfolg

8. Die Macht des Unterbewusstseins von Joseph Murphy

9. *Der organisierte Geist* von Daniel J. Levitin

10. Die Wirkung von Innovation von Ed Catmull

ÜBER DEN AUTOR

James Lass – NeuroLeadership Coach, Organisationsentwicklung, Executive und Business Coach

James begann seine Karriere im Unternehmensbereich, wo er schnell erkannte, wie wichtig effektive Führung und emotionale Intelligenz für den Unternehmenserfolg sind. Nach mehreren Jahren Erfahrung im Team- und Projektmanagement beschloss er, seine Karriere auf das Coaching auszurichten, motiviert durch seine Leidenschaft, anderen zu helfen, ihre Fähigkeiten zu entwickeln und ihre Ziele zu erreichen.

Seitdem hat er mit den unterschiedlichsten Kunden zusammengearbeitet, von innovativen Startups bis hin zu etablierten Großkonzernen. Ihr Ansatz ist kundenorientiert und passt ihre Methoden und Strategien an die spezifischen Bedürfnisse jedes Einzelnen oder Teams an, mit dem sie zusammenarbeitet. Ihre Fähigkeit, einschränkende Glaubenssätze zu erkennen und zu überwinden, war entscheidend für ihren Erfolg als Coach und half ihren Klienten, Hindernisse zu überwinden, die sie daran hindern, ihr volles Potenzial auszuschöpfen.

James Lass ist einer unserer erfahrensten Coaches im

Bereich Führung und Organisations-, Führungskräfte- und Geschäftsentwicklung. Mit mehr als 30 Jahren Erfahrung in großen Unternehmen und Organisationen hat James mit Führungskräften auf allen Ebenen zusammengearbeitet und ihnen geholfen, ihre Managementfähigkeiten zu entwickeln und effektive Strategien für organisatorische Veränderungen umzusetzen.

Schulungen und Zertifizierungen:
James hat einen Bachelor of Computer Science, Wirtschaftsinformatiker als Specialist Analyst der TU Dortmund und verfügt über mehrere Zertifizierungen in Leadership der Harvard Business School online (EdX). Darüber hinaus ist sie von der World Coaching Corp., der International Association of Coaching (IAC) und der Inter-American Confederation of Coaching als Professional Coach zertifiziert, sie ist auch Universitätsprofessorin und externe Ausbilderin des Ministeriums für Arbeit und Soziales, was ihr Engagement für Exzellenz und Ethik in ihrer beruflichen Praxis unterstützt.

Coaching-Ansatz:
James' Arbeitsphilosophie basiert auf der Überzeugung, dass es bei Führung nicht nur darum geht, andere zu führen, sondern sich selbst mit Authentizität und Zielstrebigkeit zu führen. Seiner Meinung nach ist eine effektive Führungskraft jemand, der sein Team nicht nur durch seine technischen Fähigkeiten, sondern auch durch seinen Charakter, seine Integrität und seine Vision inspirieren kann. Für James ist die Entwicklung emotionaler Intelligenz der Schlüssel in diesem Prozess, da sie es Führungskräften ermöglicht, sich auf eine tiefere und sinnvollere Weise mit ihrem Team zu

verbinden. James verwendet einen integrativen Ansatz, der traditionelle Coaching-Techniken mit modernen Persönlichkeitsentwicklungsinstrumenten wie Neuro-Linguistischem Programmieren (NLP) und Achtsamkeitsmeditation kombiniert. Diese Kombination von Ansätzen ermöglicht es Ihnen, sowohl die technischen als auch die adaptiven Herausforderungen Ihrer Kunden zu bewältigen und ihnen einen klaren Fahrplan zum Erfolg zu geben.

Bemerkenswerte Erfolge:
James war maßgeblich an der Entwicklung von Leadership-Programmen bei mehreren Fortune-1000-Unternehmen beteiligt, und zu seinen Kunden gehören weltbekannte Wirtschaftsführer. Sie ist bekannt für ihre Fähigkeit, verborgene Potenziale in ihren Kunden zu erkennen und sie zu einer effektiven und authentischen Führung zu führen. Im Laufe seiner Karriere hat James dazu beigetragen, das Leben von Hunderten von Führungskräften und Führungskräften zu verändern und sie auf ihrem Weg zum Erfolg zu begleiten. Zu seinen Errungenschaften gehören die Entwicklung hocheffektiver Führungsprogramme, die in mehreren renommierten Organisationen implementiert wurden, sowie die Veröffentlichung von Artikeln in Fachzeitschriften zu Themen wie Führung, emotionale Intelligenz und persönliche Entwicklung. Neben seiner Coaching-Tätigkeit ist James ein häufiger Referent auf Konferenzen und Seminaren, bei denen er seine Erfahrungen und sein Wissen mit einem breiteren Publikum teilt. Ihre Fähigkeit, mit Menschen in Kontakt zu treten und ihre Ideen zu vermitteln, ist klar und überzeugend.

Der Verstand einer Führungskraft

Wirkung und Anerkennung:
James' Einfluss auf die Welt des Coachings und der Führung ist unbestreitbar. Seine Kunden betonen oft seine Fähigkeit, ihr Leben sowohl persönlich als auch beruflich nachhaltig zu verändern. Sein einfühlsamer Ansatz und sein Engagement für den Erfolg seiner Kunden haben ihm die Anerkennung als einer der besten Führungscoaches der Branche eingebracht. Kurz gesagt, James Lass ist mehr als ein Trainer; Er ist ein Katalysator für Veränderungen und ein vertrauenswürdiger Führer für diejenigen, die ihre Führung auf die nächste Stufe heben wollen. Sein Engagement für Exzellenz und seine Leidenschaft für die persönliche Entwicklung inspirieren weiterhin Führungskräfte auf der ganzen Welt, neue Höhen in ihrer Karriere und ihrem Privatleben zu erreichen.

Mein Werdegang, meine Kenntnisse und Qualifikationen:
- Ich bin ein Lebens- und Transformationscoach auf nationaler und internationaler Ebene, der von der Word Coaching Corp., der International Association of Coaching, der Inter-American Confederation of Coaching, dem Ministerium für Arbeit und Soziales und der Harvard Business School Online unterstützt wird
- Business-, Executive-, Arbeits-, Teambuilding-, Kommunikations- und Verkaufscoach.
- Ich gebe Workshops zu den Themen "Neurosales", "Discover your purpose and passion" und "Leadership Styles" persönlich und online.
- Löst die Probleme von: Mangelndem Vertrauen, internen Konflikten, mangelndem Engagement, Umgehung von Verantwortung, mangelnder Ergebnisorientierung, Kommunikationsproblemen, schlechtem Lernen. Verwenden Sie die beste

Seite 288

- bewährte Methodik für Unternehmen und Verbesserungen in jeder Hinsicht. Es ist eine Begleitung mit messbaren und nachhaltigen Ergebnissen, die sich am Ende lohnt!
- Ich habe für verschiedene Universitäten und Schulen sowie an Hochschulen als Lehrerin gearbeitet.
- Mit mehr als 30 Jahren Erfahrung in den Bereichen Unternehmertum, Unternehmensorganisation, Personalwesen, Finanzen, Produktion, Rechnungswesen, Logistik, Lager, Einkauf und Verkauf, Entwicklung, Rekrutierung und mehr.
- Partner und Mitbegründer von Vive Hoy Life Coaching, einem Unternehmen, das sich der Lebenstransformation verschrieben hat.
- Mit umfangreicher Erfahrung in einer Vielzahl von Bereichen, von Business- und Life-Coaching bis hin zu Neurosales- und Leadership-Workshops, biete ich Lösungen für häufige Probleme wie mangelndes Vertrauen, interne Konflikte und mangelnde Ergebnisorientierung. Meine Programme und meine Begleitung sind darauf ausgelegt, messbare und nachhaltige Ergebnisse zu erzielen und Ihnen die notwendigen Werkzeuge an die Hand zu geben, um Ihre Ziele zu erreichen und jedes Hindernis auf dem Weg dorthin zu überwinden.

Gemeinsam mit meiner wunderbaren Frau und dem Team von Vive Hoy Life Coaching engagieren wir uns für Ihre ganzheitliche Transformation. Es ist an der Zeit, den ersten Schritt in Richtung eines erfolgreicheren und lohnenderen Lebens und Geschäfts zu machen!

Der Verstand einer Führungskraft

James Lass

Seite 290